이제는 삶의 지표를 세워야 할 때

당신의 삶에 지표가 되어 줄 한 마디를

이곳에 담아보세요

이 시대 멘토 20명의 미리 쓰는 비문

살아있으니까 보이는 거다

살아남은 당신을 위한 힐링프로젝트

당신의 비문은
당신을 기억하는 사람들이 아닌
살아있는 당신을 위한 것이다
당신이 꿈꾸는 비문대로
아낌없이 살아라

도서출판 지누

비문碑文을 생각하며

생명의 탄생은 공허를 남긴다. 아기가 이승을 살기 위해 태어날 때에 어머니의 뱃속을 비우듯, 이 땅위에서 살던 착한 넋이 또 다른 삶을 위해 떠날 때에도 한 공허를 남긴다. 그것이 어머니의 자궁이요 대지의 분묘이다.

알고 보면, 어머니 뱃속, 그리고 대지의 공허는 이 지구상에서 심장이 뛰고 숨이 쉬어져, 생각하고 행동하고 먹고 마시고 배우고 가르치고 사랑하고 미워하고 웃고 울고 함성을 지르고 탄식을 하고 기뻐하고 춤을 추던 한 '육신과 넋'이 마침내 새 옷으로 갈아입고 부활을 하기위해 버려야만 하는 향수鄕愁젖은 터전인 것이다.

두 겨드랑이에는 날개가 돋는다. 그 날개는 나와 남을 위해 성실하고 열심히 기쁜 마음으로 살아온 데 대한 천상의 상급이리라. 날개는 공허를 넘어서는 상념에서 태어나 땅 기운을 마시고 비문을 먹고 자라 비상飛翔을 이룬다.

비문이란 '숙명적으로 죽어야만 하는 인간 mortal man'이 다시는 죽지 않는 하늘 길로 떠나는데 소용되는 땅위의 소원. 그 간절한 소원이 땀 흘려 돌덩이에 새겨지고 끝내 이끼 낀 비문이 되어 비석에서 숨을 쉰다.

사람들은 글씨가 나오기 이전부터 작대기를 긋거나 그림을 그려 그 소원을 사람들에게 알리고 또 하늘을 우러러 신에게 고해왔다. 그러기 때문에 그 뜻하는 바는 언제나 어디서나 참되고 깨끗하고 다소곳하면서 깊은 멋이 있었다.

여기 정성껏 간추려진 보기 드문 많은 분의 주옥같은 비문이 밤하늘의 별처럼, 아름다운 영혼들을 위해 오롯하게 그리고 조심스럽게 담겨져 있다. 참으로 그윽하고 반가운 일이다.

박용휘

박용휘 I 서울성애병원 펫·시티센터 소장, 가톨릭의대 명예교수, 대한핵의학회 명예회장

우리의 삶은 얼마나 소중한가

이번에 도서출판 지누에서 펴낸 '살아있으니까 보이는 거다'는 지금까지 볼 수 없었던 독특한 책입니다. 소재와 방식이 다소 낯설 수 도 있습니다. 그럼에도 시선이 가는 것은 우리의 삶이 얼마나 소중한가를 보여주고 싶어 하고, 열심히 살아보자는 의지를 심어주고 싶어 하는 정성을 볼 수 있어 마음이 끌리는 책입니다. 무엇보다 삶의 가치를 전달하고자 하는 취지가 마음에 들었습니다.

저는 신문기자로 사회에 첫 발을 내디뎠고 대학 강단에도 서 보았습니다만 지난 30년 가까이 펼쳐온 엔지오(NGO)활동에서 가장 큰 보람을 느꼈습니다. 지구촌 어린이의 삶을 개선키 위한 구호활동을 통해 심각한 빈곤 문제를 알게 되고 더불어 사는 삶의 가치를 깨닫게 되었습니다.

저는 NGO와 반평생을 함께 하면서 약한 자를 돕는 입장에서 세상을 바라보다보니 평범한 우리의 삶이 얼마나 경이로운 것이며 감사해야 할 것인지를 알게 되었습니다. 그리고 도움을 줄 수 있는 삶을 산다는 것은 특권을 누리고 사는 행복한 삶이라는 것도 알게 되었습니다. 그러하기에 조금만 힘들어도 삶의 끈을 놓아버리는 사람들이나 함께 살아가야 하는 세상에서 자신만의 이익을 챙기는 사람들에게 이 기회에 '쉼표' 한번 찍고 쉬어가라고 전하고 싶습니다.

이런 의미에서 이번 책은 많은 독자들에게 자기 삶을 되돌아보고 어떻게 살아가야 하는지를 되짚어 보게 하는 시간을 만들어 주지 않을까 생각합니다.

이 책은 각 분야에서 자기 인생을 열심히 살아 온 분들이 기꺼이 참여하여 삶의 지침이 되는 문구를 독자들에게 전하고 있습니다.

이 책을 통해 세상이 좀 더 아름다워지기를 바라는 마음 간절합니다.

박동은

박동은 I 유니세프 한국위원회부회장, 유엔아동권리협약한국NPO연대회장

06 | 추천사 228 | 에필로그

Ⅰ. 때로는 들꽃처럼…

하나. 영원한 일용엄니, 배우 14
김수미

둘. 빈곤아동의 부모, 목사 24
박경양

셋. 사랑을 전하는 산골우체부 34
박상식

넷. 꿈꾸는 만화가 46
연하늘

다섯. 히포크라테스의 후예 56
정준기

Ⅱ. 별은 빛나고…

여섯. 꽃을 찍는 사진작가 68
고홍곤

일곱. 기부왕 요리사 76
배정철

여덟. 세상을 밝히는 빛 86
신언항

아홉. 네 손가락의 피아니스트 96
이희아

열. 암을 극복한 명의 106
홍영재

Ⅲ. 바람처럼 그렇게…

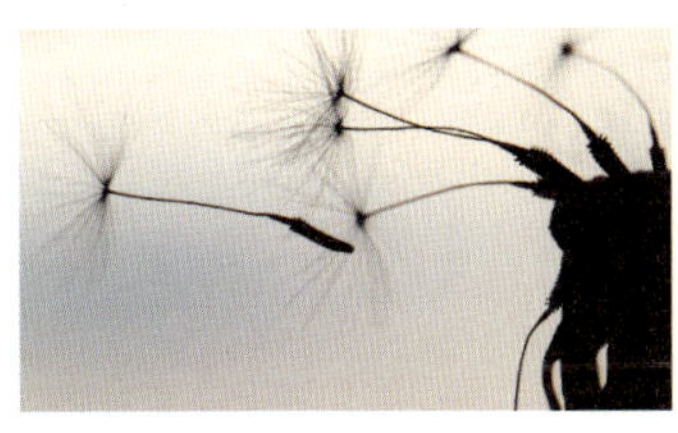

열하나. 행복 주치의, 갑상선암 명의 118
박정수

열둘. 진실된 미소를 주는 치과의사 130
신경민

열셋. 유상과 무상의 조화 142
우관스님

열넷. 마음 넉넉한 변호사 152
진형혜

열다섯. 한국벨리의 여왕 164
최수지

Ⅳ. 함께 가는 길…

열여섯. 나전칠기 명장 176
김정열

열일곱. 세계적인 암 전문가 186
김의신

열여덟. 자연을 담고 싶어한 서예가 196
박상찬

열아홉. 생명을 지키는 소방관 206
송성균

스물. 주님의 용사 마리알데곤다 수녀 216
최은희

Ⅰ. 때로는 들꽃처럼…

첫 번째 만남

영원한 일용엄니, 배우 김수미

나팔꽃을 사랑한 여자, 잠들다

살아보면 알게 되요. 인생의 많은 부분은 원하는 대로 흘러가지 않는다는 사실을요. 하지만 그래서 누군가 제 비문을 보면 힘이 나지 않을까요. 김수미란 여자는 힘든 순간을 많이 겪어내고도 꽃을 사랑하는 마음을 가지고 잠들었구나 하는

MBC 드라마 '전원일기'의 일용엄니를 시작으로 드라마와 영화에서 코믹하고 강한 캐릭터를 선보이며 한국인이 가장 좋아하는 연기자로 자리 잡은 김수미. 그는 43년째 연기열정을 불태우고 있는 현역배우인 동시에 여러 권의 수필집과 소설을 펴낸 작가이기도 하다.

인생은
원하는대로 흐르지 않는다

●

그에게 물었다.

"세상의 많은 말들 중에 왜 그런 비문을 골랐나요?"

그가 대답했다.

'나팔꽃을 사랑한 여자, 잠들다'는 제가 일찌감치 정해놓은 비문이에요. 원래 들꽃을 좋아하는데, 그중에서도 나팔꽃을 좋아해요. 제 명함에도 나팔꽃 사진이 새겨져 있어요. 오죽하면 김혜자 언니한테 내가 죽으면 무덤가에 나팔꽃을 심어달라는 부탁까지 했을 정도지요.

혹시 나팔꽃 자라는 것을 본 적이 있나요? 솜털이 보송보송한 잎들이 줄기와 함께 철사든 막대든 상관없이 한번 감아들면 자꾸만 타고 위로 올라가죠. 그러다 어느 날 아침 활짝 피는데 낮이 되면 조금씩 오므라들고 말아요. 지고나면 다시 피지도 않죠. 짧지만 아름다운 순간을 보여주는 거죠.

나팔꽃만 생각하면 우리 엄니가 제일 먼저 떠올라요. 그래서 눈물이 나요. 우리 엄니는 제가 열아홉 살 때 세상을 떠났어요. 나팔꽃처럼 채 저녁도 못보고 고개를 숙인 셈이죠. 그래도 활짝핀 꽃처럼 어여쁘고 다정하던 엄니 모습이 전부 다 생각나요. 그래서 나팔꽃을 보면 눈물이 나요. 눈물이 나는데도 자꾸 보고 싶고요.

눈에 밟히던 우리 엄니 때문에 이제껏 힘차게 살아왔는지도 몰라요. 해마다 나팔꽃을 심은 다음 철사줄을 지붕꼭대기에다 걸어 여름이면 만국기처럼 온 마당에 나팔꽃이 열리게 만들던 우리 엄니가 늘 곁에 있는 것 같았거든요. 힘들고 지쳐서 산과 들로 나간 날이면 어김없이 만날 수 있었던 나팔꽃, 그 꽃이 지금까지 저를 버티게 해준 게 아닌가 싶어요. 어쩌면 우리 엄니의 마음까지 함께 담아 피는 나팔꽃을

김수미 · 영원한 일용엄니, 배우

사랑했다는 제 비문은 아마도 엄니에게 바치는 제 마음인지도 모르겠네요.

● ●

그에게 물었다.
"열심히 살 수 있어서 좋았나요?"
그가 대답했다.

그래서 지금까지 올 수 있었으니까. 평생을 연기 밥을 먹고 살았어요. 과분한 사랑을 받았고, 즐거운 일도 많았죠. 하지만 솔직히 후회가 될 때도 있습니다. 얼마 전 육십 평생 살아오면서 가장 심한 몸살을 앓았어요. 답답할 정도로 아프니 또 엄니생각이 나더라고요. 찬물적신 수건을 이마에 얹어주던 엄니생각에 주책없이 눈물도 많이 흘렸죠. 너무 아프니 주위사람들 걱정도 늘고, 처음으로 죽는 게 아닐까 하는 두려움까지 생기더라고요. 감기인줄 알고 버티다가 세상을 떠난 여운계 언니 생각도 났고요.

그동안 너무 열심히 살아온 게 아닌가 하는 후회가 들었습니다. 몇 백편의 드라마와 영화를 하는 동안 촬영시간에

늦은 기억이 없거든요. 집에서도 김치나 반찬 만드는 일을 아줌마 손에 맡긴 적이 없고요. 아무리 힘들어도 표내지 않고 지금껏 달려왔습니다. 게으름을 부려본 적도 없습니다. 그렇게 괜히 억울해질 때쯤 마음속 나팔꽃이 다시 피더라고요. 아니지, 그렇게 살아왔으니까 오늘이 있는 거지, 그런 거지. 결국은 열심히 살려고 숨가쁘게 뛰었던 제 모습이 잘 익은 김치처럼 또다시 반가워지더라고요.

김수미 · 영원한 일용엄니, 배우

●●●

그에게 물었다.

"당신의 비문도 누군가에게 위로가 될 수 있을까요?"

그가 대답했다.

위로는 모르겠어요. 그 누군가가 누구일지 저는 모르니까. 다만 나도 모진 날들이 많았어요. 젊은 날에는 늘 할머니나 하녀 역할을 맡는 배우였고요. 이만하면 많이 이뤘다 생각했을 때는 또 다른 시련들로 어려움을 겪기도 했고요. 살아보면 알게 되요. 인생의 많은 부분은 원하는 대로 흘러가지 않는다는 사실을요. 하지만 그래서 누군가 내 비문을 보면 힘이 나지 않을까요. 김수미란 여자는 힘든 순간을 많이 겪어내고도 꽃을 사랑하는 마음을 가지고 잠들었구나 하는, 아주 조금이겠지만 힘든 고비 속에서 자신의 꽃은 무엇인지를 돌아볼 수 있을 지도 모르죠. 그러다보면 또 한 고비 넘어가겠지요.

김수미 · 영원한 일용엄니, 배우

영원한 일용엄니, 배우 김수미

그의 이야기

1949년 전북 군산에서 태어난 그는 숭의여자고등학교를 졸업한 뒤 1970년 MBC-TV에 데뷔했다. 28세의 꽃같은 나이에 일명 '일용엄니' 역할을 맡은 그는 또래의 여배우들이 수영복을 입거나 배드신을 촬영할 때 자신은 환갑잔치부터 해야 했다고 한다. 하지만 자신의 주어진 일임에 감사하고 20년 동안이나 묵묵히 일용엄니 역할을 해낸 그는 지금 정상의 자리에 우뚝 섰다.

언젠가부터 화려하고 돈 많은 사모님의 역할을 맡게 된 그의 취미는 의외로 소박하다. 바로 글쓰기와 화초 가꾸기. 화면 속 그는 걸쭉한 욕을 거리낌 없이 뱉어내지만 실제 성격은 조용한 편이다. 그래서 '일용엄니' 같이 시골생활을 하는 게 꿈이다. 농사를 짓고 채소를 기르고, 가마솥에 밥을 해서 평상에 앉아 먹는 상상만 해도 즐겁다는 그는 아름다운 바다와 함께 여생을 보내고 싶다고 한다. 그의 일상은 언제나 정해져있다. 새벽 5시 30분에 일어나서 뉴스를 보고, 산을 한 바퀴 돌고 온 뒤에 사우나를 한다. 그리고 아이들에게 해줄 맛있는 음식을 한다. 가장 행복한 순간은 밥상을 차려서 아이들에게 먹이는 것이라고 한다. 벌써 요리책을 여러 권 출간한 그는 그런 요리 실력으로 신현준과 탁재훈까지 아들을 삼았을 정도다. 그는 자신이 낳지 않은 수많은 아들, 딸들이 엄마라고 부른다. 탁재훈은 "아무나 엄마라고 부를 수는 없잖아요. 그렇기 때문에 엄마라는 느낌은 그만큼 진짜 그 식구 같은 느낌인 것 같아요."라고 말한다.

그와 함께 일을 하는 제작진들이라면 그의 밥을 먹고 일을 하는 것이 익숙한 일이다.

"영화 현장에서도 그렇고 바깥에서도 그렇고 뭘 하기 전에 어머니 밥을 먹고 일을 하죠."

바쁜 현장에서는 정성스레 음식을 마련해주는 공간도 없다. 겉모습은 화려해 보이지만 의외로 식사만큼은 컵라면이나 김밥으로 때우는, 부실한 식단의 연예인과 스탭들에게 엄마의 손맛으로 정성스럽게 만든 맛있는 한 끼는 엄청난 위로와 큰 힘이 된다.

오늘은 누구를 기쁘게 해줄까하는 생각이 들 때면 그날 생각나는 사람에게 반찬을 해다 준다는 그. 비록 투박한 말투지만 그렇기 때문에 오히려 더 거짓이 없다는 그의 말 한마디 한마디는 사람들의 가슴에 와 닿는다. 쉽게 오해를 살 수 있는 성격임에도 불구하고 그의 곁에 항상 사람들이 넘쳐나는 것은 바로 그의 인간미 넘치는 정과 됨됨이를 다 알고 있기 때문이 아닐까.

김수미 · 영원한 일용엄니, 배우

두 번째 만남

빈곤아동의 부모, 목사 박경양

가난한 아이들의 친구가 되기를
원했던 사람
아이들이 꿈꿀 수 있는 세상을
그리워했던 사람
가난한 예수의 그림자를 찾아
방황했던 가난한 사람
이곳에 잠들다

누군가 내 비문을 보고 한번쯤은 우리 사회의 가난한 아이들을 기억해 줬으면 좋겠습니다. 그것만으로도 조금은 사람들의 마음이 따뜻해지지 않을까요.

전국지역아동센터협의회 이사장 등을 맡아 가난하고 소외된 아동에게 꿈과 기회를 주기 위해 노력했던 박경양 목사. 빈곤아동의 대부로 불리는 그는 현재 구로구 궁동에 위치한 위치한 평화의 교회를 통해 여전히 가난한 아이들의 희망을 만들어가고 있다.

꿈꾸는
세상을 만들다

●

장난기 가득한 표정의 사내아이와 놀고 있던 그에게 물었다. "비문이 평소 생각을 담은 것 같은데요?"

그가 대답했다.

농촌에서 가난한 성장기를 보낼 때, 그리고 서울에서 뭐든지 혼자서 해결해야 했을 때 그런 생각을 했었습니다. 나에게 힘이 될 단 한 사람만 곁에 있어도 좋겠다는 그런 생각이요. 사실 저는 어린 시절과 청소년기를 우울하게 보냈습니다. 꿈을 꾼다는 것은 생각도 할 수 없었습니다. 그저 하루를 굶지 않고 지내는 것만으로 다행으로 여겼으니까요.

어른이 되고 누군가를 돌볼 수 있는 여력이 생기면서부터 곧장 아이들을 돌보는 일에 뛰어들었습니다. 가난하고 가족의 돌봄이 없다는 이유로 아직 어린아이들에게 나 같은 어린 시절을 보내게 할 수 없었으니까요.

그가 대답을 마치자마자 다시 아이들이 그의 품으로 몰려온다. 머리를 잡아채는 아이도 있다. 그래도 그는 웃으며 말을 이었다.

사실 우리 사회는 가난한 아이들이나 소외된 아이들이 마음껏 자기 꿈을 꿀 수 없는 사회입니다. 꿈을 꾼다고 해도 이루기 어렵고요. 제가 평생 꿈꿔온 것은 바로 가난을 떠나 어린아이라면 누구라도 꿈을 꿀 수 있는 그런 사회를 만드는 것이었어요. 빈곤 아동을 위한 운동을 떠나 신앙인으로서 꾸었던 꿈도 같습니다. 예수가 꿈꿨던 나라가 바로 그런 나라일 테니까요.

박경양 · 빈곤아동의 부모, 목사

아이들과 함께하면서 힘든 적은 없었어요. 오히려 행복했습니다. 아이들에게 배울 때도 많았고요. 다만 가난한 아이들의 현실을 돌보자는 목소리를 낼 때 외면하는 어른들 때문에 안타까운 일은 많았습니다.

● ●

그가 웃으면 아이들이 따라 웃는다. 아이들이 웃으면 그가 따라 웃는다. 그런 그를 보다가 다시 물었다.

"아이들을 위해 살아오면서 힘든 적은 없었습니까?"

그가 손사래를 치며 대답을 한다.

아이들과 함께하면서 힘든 적은 없었어요. 오히려 행복했습니다. 아이들에게 배울 때도 많았고요. 다만 가난한 아이들의 현실을 돌보자는 목소리를 낼 때 외면하는 어른들 때문에 안타까운 일은 많았습니다. 우리나라에서 교육정책을 펴거나 복지정책을 펴는 분들이 좀처럼 가난한 아이들의 입장은 대변하려고 하질 않으니까요. 늘 그것이 안타까웠습니다.

● ● ●

어느새 그림자가 드리워진 그에게 마지막으로 물었다.

"누군가가 비문을 보게 된다면 어떤 생각을 해주면 좋겠습니까?"

잠시 눈을 감았던 그가 대답했다.

누군가 내 비문을 보고 한번쯤은 우리 사회의 가난한 아이들을 기억해줬으면 좋겠습니다. 그것만으로도 조금은 사람들의 마음이 따뜻해지지 않을까요.

모든 사람들이 5월을 어린이의 달이라고 말합니다. 아빠는 커다란 선물꾸러미를 들고 집에 돌아오고, 엄마는 주방에서 맛있는 요리를 만듭니다. 아이들은 한껏 기대에 부풀어 선물꾸러미를 풀어보죠. TV 속에서 그려지는 5월의 풍경입니다. 하지만 모든 아이들이 5월을 그렇게 보내지는 못합니다. 사람들이 자신의 자녀에게 보이는 관심의 일부분이라도 소외되고 쓸쓸한 날들을 보내는 아이들을 생각해줬으면 좋겠습니다. 누군가 내 비문을 보고 한 번쯤은 우리 사회의 가난한 아이들을 기억해줬으면 좋겠습니다. 그것만으로도 조금은 사람들의 마음이 따뜻해지지 않을까요.

박경양 · 빈곤아동의 부모, 목사

빈곤아동의 부모, 목사 박경양

그의 이야기

그는 어린 시절 지독한 가난 속에서 성장했다. 고향을 떠나 서울로 올라왔지만 가정형편 때문에 고등학교마저 중퇴해야 했다. 그러나 그 시절 그를 괴롭힌 것은 배고픔이 아니라 무엇을 하며 살아가야 할지를 알 수 없는 막막함이었다. 그는 막막함으로부터 벗어나기 위해 끊임없이 책을 읽고 사람들을 만났다. 그러다 뒤늦게 검정고시를 거쳐 28세의 늦은 나이에 감리교신학대학교에 입학했다. 입학 후에도 그는 일반 목회와 사회 운동 사이에서 무엇을 선택하는 것이 좋을지 늘 고민이었다. 박경양 목사의 선택은 환경과 교육운동, 그리고 빈곤아동 지원 쪽이었다. 협회를 만들고 다양한 활동을 펼쳤다. 정신없이 시간을 흘러갔고, 그사이 박경양 목사는 빈곤아동들을 돌보는 전국지역아동센터 협의회의 수장으로서 일하며 많은 것들을 변화시키기도 했다.

박경양 목사가 이사장으로 몸을 담았다가 물러난 전국지역아동센터협의회는 전국 각 지역아동센터들의 협의기구다. 지역아동센터는 경제 악화와 생계형 방임으로 사회적 돌봄이 필요한 아동들에게 급식과 학습, 정서적 지원을 제공하는 사회안전망이나 다름없다. 현재 전국적으로 3500여 개의 시설에서 약 9만여 명의 빈곤 아동을 돌보는 핵심적인 아동복지시설이기도 하다. 그러나 현실은 열악했다. 박경양 목사는 정부의 지원을 끌어내 지역아동센터의 환경을 바꾸고, 그 혜택이 가난하고 힘없는 아이들에게 돌아가기 위해 싸웠다.

그는 교육과 복지로부터 소외된 아동들이 늘어나는 현실이 가져올 미래를 생각하면 암담하다고 했다. 우리 사회가 주류로부터 소외된 아이들을 방관자적 태도로 대한다면 지금으로부터 십년 뒤쯤이면 이제까지는 상상도 할 수 없는 괴물성을 가진 청년들이 다수 등장할 수 있다는 것이 그의 판단이다,

그래서 늘 박경양 목사는 소외된 빈곤계층 아이들을 위한 교육과 복지의 절대적 투자를 강조한다. 이 땅에 태어난 모든 아이들이 자신의 처지와 상관없이 충분히 교육받고, 건강하게 성장하기 위해 필요하고도 다양한 복지서비스를 제공받는 것이야말로 우리 사회가 지속가능한 성장사회를 이루고 희망이 있는 사회를 만들어가는 힘이라고 역설하는 박경양 목사.

정말로 필요한 가치가 잠들어 있는 사회를 깨우기 위해 오늘도 자신의 삶을 내던지고 있는 박경양 목사, 그가 웃는 날이 많아지기를 진심으로 바란다.

박경양 · 빈곤아동의 부모, 목사

세 번째 만남

사랑을 전하는 산골우체부 박상식

나의 움직임으로 세상이
조금이라도 더 아름다워졌기를

세상이라는 것이 바로 이런 것이 아닌가 생각합니다. 그들이 베풀어준 작은 행동에 감동하여 제가 변하고, 제가 행한 행동으로 세상이 더 따뜻한 쪽으로 변화 하는 것. 서로가 서로에서 베풀기도 하고 받기도 하면서 인정을 나누며 살아가는 것 말입니다.

박상식 집배원은 충남 방우리와 농원마을에 우편물을 배달하고 있다. 행정구역은 충남이지만 금산으로 진입하는 도로가 없어 생활권은 전북 무주이다. 매일 두 도(道)를 넘나드는 집배원으로 유명하다. 우편가방 안에는 항상 청진기와 비상약을 가지고 다니며 마을 어르신들의 건강까지 돌보고 있다.

나누는 삶이 행복한 삶이다

●

그에게 물었다.

"세상의 많은 말들 중에 왜 그런 묘비명을 골랐나요?"

그가 대답했다.

'나의 움직임으로 세상이 조금이라도 더 아름다워졌기를' 이라는 말은 제 인생의 지침으로 삼았던 문구입니다. 어려운 일, 힘든 일은 사실 누구나가 피하고 싶습니다. 그러나 누군가는 해야 할 일이기에 저는 그런 어려운 일이 있을 때, 제가 먼저 나서서 해결하고자 합니다. 누군가는 제가 먼저 내민 손으로 인해 마음이 변화하였을 것이고 그로 인해 세상이 조금은 더 아름답게 달라질 수 있으리라고 생각하기 때문입니다.

요즘은 세상이 각박해진 탓인지 사람과 사람사이의 정을 찾아보기 힘이 듭니다. 서로 자신의 이득에 눈이 멀어서 조금도 손해를 보지 않으려 혈안 된 모습만 보게 됩니다. 그렇게 본인의 이득을 위해서 아등바등 사는 사람들이 정말 행복한지는 저도 잘 모르겠습니다. 그러나 그렇게 사는 삶이 결코 이 세상에 좋은 영향을 끼칠 거라고 생각하지 않습니다.

저는 배움이 길지는 않지만 세상이라는 것이 사람과 사람이 어울려 함께 살아가는 것이라는 건 잘 알고 있습니다. 사람과 사람이 얽혀서 이 세상을 만들고, 우리 자식들이 살아갈 세상을 만든다는 것도 알고 있습니다. 그렇다면 당장 눈앞의 이익만을 생각할 것이 아니라 모두가 함께 살아가는 이 세상을 위해 무엇이 필요한지를 넓게 바라보는 혜안이 필요하다고 생각합니다.

산골에서 집배원을 하는 이 아저씨가 세상에 대해 무엇을 그리 많이 알겠습니까. 하지만 삶을 먼저 살아온 선배의 입장에 서서 이야기하자면 이렇습니다. 제가 처음 집배원 일을 시작했던 1974년의 그 시대는 정말 어려운 시대였습니다. 먹을 것이 부족했고 돈이 없어서 배우고 싶어도 교육을 받을 수 없던 그런 시대였습니다.

편지를 다 돌리려면
강을 네 번이나 건너야 하는데
배가 없는 날이면 바지를 다 적시며 강을 건넜습니다
겨울에는 얼음판을 기다시피해서 건너기도 했고
강물에 빠져 죽을 고비를 넘긴 것도
여러 번이었습니다

금산군 부리우체국에 취직해 처음 방우리의 편지배달 일을 맡았습니다. 방우리는 금산군에 속해 있지만, 정작 금산쪽에서는 드나들 수 없어 전북 무주까지 나와서 다시 들어가야 하는 곳입니다. 편지 꾸러미를 들고 완행버스로 무주까지 와서 험한 산을 하나 넘어 용포리에 닿은 뒤 마을주민의 배를 얻어 타고서 제가 배달하는 지역인 방우리까지 들어올 수 있었습니다.

편지를 다 돌리려면 강을 네 번이나 건너야 하는데 배가 없는 날이면 바지를 다 적시며 강을 건넜습니다. 겨울에는 얼음판을 기다시피해서 건너기도 했고 강물에 빠져 죽을 고비를 넘긴 것도 여러 번이었습니다. 이른 새벽 우체국에서

출발해 아무리 서둘러도 그날로 되돌아 나오기가 빠듯했습니다. 강을 네 번 건너고 길이 없어 산을 넘어서 우편을 배달하다보니 신발이 금세 헤져서 신발 사는 돈이 아까워 맨발로 산을 오르다 다치기도 많이 했습니다.

힘들고 어렵고 생사를 넘나드는 순간이 많았지만 저는 우편을 배달하는 저의 일이 좋았습니다. 좋은 소식을 전달하면 전달하는 대로 우편물을 받는 사람들의 미소를 볼 수 있어서 좋았고 좋지 못한 소식이더라도 궁금해 하는 이를 위해 급한 소식을 누구보다도 먼저 사람들에게 전달해 주는 것도 보람됐습니다.

지금은 길도 편해지고 교통편도 그나마 나아져서 다니기 수월하지만 아직도 그때 그 시절 마을 사람들의 넉넉한 인심이 그립습니다. 우편물을 배달하는 집배원이 배가 고플까 보리밥을 가득 담아 밥상을 차려주던 모습이 생생합니다.

세상이라는 것이 바로 이런 것이 아닌가 생각합니다. 그들이 베풀어준 작은 행동에 감동하여 제가 변하고, 제가 행한 행동으로 세상이 더 따뜻한 쪽으로 변화 하는 것. 서로가 서로에서 베풀기도 하고 받기도 하면서 인정을 나누며 살아가는 것 말입니다.

● ●

그에게 물었다.

“당신이 세상에 들려주고 싶은 이야기는 무엇입니까?”

그가 대답했다.

전국의 모든 집배원들은 자기가 일하고 있는 우체국을 중심으로 시, 군, 읍, 면별로 행정구역에 따라 배달구역을 나우어 우편물을 배달합니다. 그래야 짧은 시간에 많은 우편물을 효율적으로 배달할 수 있게 되거든요. 하지만 묘하게 나뉜 행정구역 때문에 예외도 있습니다.

바로 제가 소속된 행정구역이 그렇습니다. 저는 매일매일 전라도와 충청도 2개의 도를 넘나들며 우편을 배달하고 있습니다. 소속된 행정구역은 충남이지만 금산으로 진입하는 도로가 없어 전북을 무주를 거쳐야 합니다. 앞으로는 강이 가로막고 뒤로는 높은 산이 버티고 서 있으니 세상으로 통하는 길이 막혀있는 셈입니다.

이런 지형 탓에 금산이면서 금산이 아니고, 금산이면서도 무주라 할 수 있습니다. 방우리와 농원마을에 가려면 금산 쪽으로 통하는 길은 없고 전북 무주읍 내도리를 거쳐 빙 돌아가야 합니다. 금산에서 무주를 거쳐 다시 금산으로 들어가는 격이지요. 굳이 금산 쪽을 택한다면 금강과 적벽강을

1시간 반이나 건너야 합니다. 물론 무주 쪽도 마찬가지입니다. 산을 넘고 물을 건너고, 다시 산을 넘어야 숨어있는 동네를 만날 수 있습니다.

강가를 따라 비포장 길이 나타나고 10여분을 덜컹거리다 보면 100m가 넘는 고개를 만나게 됩니다. 차 한 대 지나갈 만한 오롯한 소로를 굽이굽이 도는데 그것이 안쪽 세상과의 유일한 소통길이기에 주저할 수도 없습니다. 아슬아슬한 절벽지대를 지나면 병풍처럼 강과 산이 동그랗게 감싸 안은 분지형태의 마을이 나타납니다. 그곳이 바로 제가 우편배달을 하는 마을인 방우리입니다. 그나마도 겨울철 눈이 내려 도로가 얼어붙으면 충남 금산에서 작은 봉고 차량으로 출발하여 전북 무주읍에 주차 후 다시 이륜차로 첩첩산골을 들어가 결빙구역이 시작되는 금강 둑길에 차를 세우고 집배가방을 메고 걸어서 우편물을 배달하곤 했습니다.

많은 사람들이 고되고 힘든 일은 이제 그만 하고, 쉽고 편한 일을 하라고 말합니다. 그러나 저는 그렇게 생각하지 않습니다. 제가 지금 하고 있는 일을 놓아버리면 제가 아닌 다른 누군가가 이 지역을 다니며 제가 해온 일을 해야겠지요. 저의 편한 삶을 위해 누군가는 어려운 길을 걸어야 한다는 걸 뻔히 아는데 도저히 마음이 편치 못해서 쉴 수가 없습니다.

특히 산골 마을의 어르신들은 저를 아들같이 예뻐하십니다. 제 나이가 곧 예순입니다. 그런데도 제가 우편을 배달하는 마을의 어르신들은 저를 그렇게 예쁘게 여기십니다. 그래서 몸이 좋지 않거나 사정이 있어 하루라도 마을에 들르지 못하게 되면 그렇게 서운해 하시고 걱정을 하십니다. 외로우신 그분들을 위해서라도 저는 나라가 허락하고 제 몸이 허락하는 한 이일을 계속 해 나갈 생각입니다. 나 한사람이 조금의 수고를 참으니 여러 사람이 편해지고 세상이 조금은 더 좋아지지 않습니까?

외로우신 그분들을 위해서라도 저는 나라가 허락하고 제 몸이 허락하는 한 이일을 계속 해 나갈 생각입니다. 나 한사람이 조금의 수고를 참으니 여러 사람이 편해지고 세상이 조금은 더 좋아지지 않습니까?

요즘 많은 젊은이들이 세상이 힘들어서 스스로 목숨을 끊거나 비관적인 생각에 빠져 삶의 의욕을 찾지 못하고 꿈을 잃어가고 있다고 들었습니다. 그런 젊은이들의 모습을 보면 참으로 안타깝습니다. '왜 세상을 탓할 시간에 세상을 바꾸려는 노력은 해보지 않는 것일까?' 하고 말입니다.

제가 40여년을 집배원으로 근무하면서 깨달은 것이 있습니다. '나' 라는 존재가 바뀌면 세상은 자연히 바뀐다는 것입니다. 저같이 산골에서 일을 하는 사람도 세상을 바꾸는데 젊은 사람들에게는 더 무한한 가능성이 있으리라 생각합니다.

삶의 기쁨은 살아 있는 동안 얻을 수 있는 것입니다. 본인의 배려로 타인에게 웃음을 줄 수 있는 삶을 살아가시길, 그리고 지 또한 앞으로도 그런 삶을 살 수 있길 바라봅니다.

사랑을 전하는 산골우체부

박상식

그의 이야기

그는 1974년 10월 금산군 부리우체국에 취직해 처음 방우리의 편지배달 일을 맡았다. 방우리는 금산군에 속해 있지만, 정작 금산 쪽에서는 드나들 수 없어 전북 무주까지 나와서 다시 들어가야 한다. 매일같이 우편물을 배달하기 위해 두 도(道)를 넘나드는 고단한 일과지만, 하루라도 얼굴을 보이지 않으면 서운해 하는 마을의 어르신들이 있어 몸이 아파도 결근을 한번 한 일이 없다.

그는 매일 아침 충남 금산우체국에 출근하여 자신이 배달해야 할 우편물을 구분하여 가방에 넣고 작은 봉고차로 전북 무주읍으로 출발한다.

금산우체국에서 배달지역까지 29.7km로 차로 달려도 1시간이 넘게 걸리는 곳이다. 그는 미니봉고에 우편물을 싣고 충남 금산을 출발하여 전북 무주읍에 차를 세워두고 다시 이륜차량(겨울철 결빙 시에는 도보)으로 충남 방우리와 농원마을에 우편물을 배달하고 있다. 행정구역은 충남이지만 금산으로 진입하는 도로가 없어 생활권은 전북 무주인 것이다.

2008년 10월 그가 다시 방우리를 근무지역으로 자원했던 것도 젊은 시절의 추억 때문만은 아니다. 매일 같이 충남과 전북을 오가야 하는 것이 고된 일임을 알기에 그는 퇴임을 하기 전까지 그 고된 업무를 남들을 위해 자원해서 하고 있는 것이다.

그는 방우리와 농원마을에서 고마운 아저씨로 통하고 있다. 마을이 무주읍에서 멀고 오지이다 보니, 각종 주민 심부름도 도맡아 하고 홀로 사시는 어르신들의 애로사항을 들어주는 등 고유의 배달업무 외에도 늘 분주하게 움직인다.

그의 집배가방 안에는 우편물 말고도 여러 가지가 들어있다. 혈압계, 사진기, 응급약 등이 그와 함께 있는 것이다. 마을 어르신들의 건강을 위해 챙기는 혈압계와 응급약, 사진기는 주말에 돈이 없어 사진사를 부르지 못하고 결혼식을 올리는 가난한 젊은이들을 위해 항상 소지하고 다닌다.

주말은 그에게 평일보다 더욱 바쁜 날이다. 그가 무료로 사진을 찍어 앨범을 만들어 주는 봉사를 하는 것이 마을에 소문이 나서 여기저기 무료 사진을 부탁하는 이들이 늘었기 때문이다. 끼니도 거르고 주말이면 3~4건의 결혼식 사진을 찍어야 하는 것이 힘들 수도 있는데 그는 오히려 본인을 필요로 하는 사람들이 있다는 사실에 감사하며, 도움을 줄 수 있다는 사실을 기쁘게 생각한다.

박상식 · 사랑을 전하는 산골우체부

네 번째 만남

꿈꾸는 만화가 연하늘

흐르는 강물처럼

누구에게나 힘든 일은 찾아오기 마련이죠. 그때 당장은 그냥 모든 것을 던져버리고 떠나버릴까 하는 생각도 갖게되는 것 같고요. 하지만 모든 것은 흘러갑니다. 견디다보면 버텨지고 버티다보면 다시 좋은 날이 와요. 꼭 흐르는 강물처럼요.

인기만화스토리 작가로 활동하다 남성과 여성의 연애심리를 그린 회제작 〈공주이고픈 여, 영웅이고픈 남〉으로 본격만화가 활동선언. 강직성척추염이라는 희귀병 속에도 굴하지 않고 자신의 삶을 즐기며 여전히 꿈을 꾸고 살아가고 있다.

모든 것은 흘러간다

●

그에게 물었다.

"세상의 말들 중에 왜 그런 비문을 골랐나요?"

그가 대답했다.

가장 힘들었던 시절을 보내고 있을 때였어요. 더 이상 버틸 수 없을 것 같을 때가 있잖아요. 마치 몸에서 모든 기운이 빠져나간 것 같은 그런 때요. 그때 느닷없이 그 말이 떠올랐어요. 몇 번을 속으로 되뇌이다가 작업실에 있던 나무판에 아예 글자들을 새겼죠. 신기하게도 그때부터 차츰 마음이 견뎌졌어요.

사실 저는 강직성 척추염이라는 희귀병을 앓고 있습니다. 요즘도 느닷없이 찾아오는 치명적인 통증에 시달리며 매일

모든 것은 흘러갑니다
견디다보면 버텨지고 버티다보면
다시 좋은 날이 와요
꼭 흐르는 강물처럼요

같이 진통제를 먹어야 하죠.

하지만 누구에게나 힘든 일은 찾아오기 마련이라고 생각해요. 그때 당장은 그냥 모든 것을 던져버리고 떠나버릴까 하는 생각도 갖게 되는 것 같고요. 모든 것은 흘러갑니다. 견디다보면 버텨지고 버티다보면 다시 좋은 날이 와요. 꼭 흐르는 강물처럼요.

●●

다시 그에게 물었다.
"혹시 두렵지는 않습니까?"
그가 웃었다.

사실 저는 이 세상에 살다간 흔적을
남기지 않으려고 해요
그래서 가족들에게도 내가 죽거든 묘지는 만들지 말고
그냥 고향 개울에 뿌려달라고 부탁했어요
어쩌면 제가 이야기한 비문은
살아가면서 내 마음에 새긴 비문이 될 것 같네요

사람이 살고 죽는 것도 넓은 세상 이치로 보면 그냥 흘러가는 거죠. 우리도 자연의 일부니까요. 몇 년 전에 내가 죽으면 장기와 시신을 기증하겠다는 서약서를 쓰면서 그런 생각이 들대요. 그래도 지금까지 한 세상 열심히 살았으니 참 다행이구나 하는 생각이요. 후회나 반성도 들지 않아요. 그저 내가 맡은 부분을 열심히 살아온 내 자신이 대견했어요. 마음이 편해지니 예전에는 업보처럼 간직했던 집안의 내력도 자연스럽게 받아들이게 되더라고요.

사실 우리 외가 쪽 사람들은 유독 병이 많았어요. 우리 어머니, 외삼촌, 이모, 외사촌형님, 그리고 저의 친형까지도 모두 61세를 끝으로 세상을 떠나셨거든요. 그 일을 생각하면 예전에는 괜히 두려웠는데 지금은 아무렇지도 않아요. 흐르다 흐르다 언제가 그치겠지 하는 생각이 들 뿐이죠.

연하늘 · 꿈꾸는만화가

●●●

담담한 말만큼이나 그의 표정은 차분했다. 마지막으로 그에게 물었다. “물처럼 흘러가는 요즘도 꿈은 있나요?”

그가 다시 웃었다.

제가 만화가니까 다시 만화로 사람들과 만나야죠. 몇 해 전부터 중학교 아이들에게 만화를 가르치고 있어요. 원래 봉사를 겸해 시작한 일인데 요즘은 참 잘했다 싶어요. 가르치는 건 만화지만 아이들한테는 살아가는 이야기를 들려주죠. 고민하다가도 환하게 웃는 아이들을 보면 참 기분이 좋아요. 나중에 아이들을 주인공으로 만화를 그려보고 싶어요. 입시교육의 현실 속에서 힘들어하는 아이들과 부모님들이 함께 공감하며 위로받을 수 있는 그런 만화가 될 것 같아요.

사실 저는 이 세상에 살다간 흔적을 남기지 않으려고 해요. 그래서 가족들에게도 내가 죽거든 묘지는 만들지 말고 그냥 고향 개울에 뿌려달라고 부탁했어요. 어쩌면 제가 이야기한 비문은 살아가면서 내 마음에 새긴 비문이 될 것 같네요.

나중에 아이들을 주인공으로
만화를 그려보고 싶어요
입시교육의 현실 속에서
힘들어하는 아이들과 부모님들이 함께 공감하며
위로받을 수 있는 그런 만화가 될 것 같아요

연하늘 · 꿈꾸는 만화가

꿈꾸는 만화가 연하늘 그의 이야기

지금의 연하늘을 있게 한 대표작 〈공주이고픈 여, 영웅이고픈 남〉은 제목 그대로 평범한 청춘남녀들의 달콤하고 시린 사랑이야기를 섬세하게 풀고 있다. 그래서 그의 삶 역시 그렇게 달콤한 멜로물이 아닐까 하는 착각에 빠지게 된다.

그러나 그의 삶은 사실 악전고투의 병상일지에 가깝다. 그는 느닷없이 찾아온 통증에 시달렸다. 매일같이 진통제를 먹어야 했고, 수면제 없이는 잠을 이룰 수가 없었다. 그는 결국 강직성 척추염이라는 선고를 받는다. 끊임없이 찾아오는 통증에 시달려 몸이 조금씩 굳어버리고 마는 난치병, 그대로 두면 온 몸이 굳어진 채 손가락만 까닥거리며 병상에서 평생을 보내야 할 수도 있었다.

그러나 연하늘은 통증을 견디며 재활에 들어갔다. 굳은 관절을

풀기위해 하루해를 다 쏟았고, 몸이 풀린 후에는 자전거를 타며 근육을 회복시켰다. 이제는 누구보다 건강하게 뛰고 달릴 수 있게 되었지만 그의 비극은 끝나지 않았다. 여전히 운동과 진통제를 필요로 한다. 그는 그것을 담담히 견디고 있다. 그 힘은 바로 좋은 만화를 그리고 싶다는 그의 꿈이었다.

연하늘은 경북 상주에서 나고 자랐다. 중학교 수석 졸업과 고등학교 차석 입학이라는 화려한 이력을 가진 그는 이른바 시골수재였다. 그의 아버지는 다른 형제들의 시기와 질투는 아랑곳하지 않은 채 공부 잘하는 막내자랑에 여념 없었다. 그렇게 아들을 아꼈던 아버지에게 청년 연하늘은 날카로운 비수를 꽂았다. 아들의 경찰대 입학을 꿈꾸는 아버지에게 만화가가 되고 싶다고 선언한 것이다.

결국 아버지와의 불화 속에 집을 나와 만화문하생 생활을 시작했다. 다행히 그 시절 만난 스승들은 그가 꿈을 접지 않고 버틸 수 있는 방패막이가 되어 주었다. 임꺽정으로 유명한 만화가 이두호도 그들 중 한 명이었다. 그러나 세월이 흐른 지금 그는 이미 세상을 등진 아버지를 생각하며 가슴을 친다.

그래서 만화는 그에게 꿈인 동시에 아픔이다. 바로 그 만화를 그는 병으로 잃을 뻔 했다. 그 고통의 시간을 견디며 그에게 다시 꿈이 생겼다. 만화를 배우고 싶어 하는 아이들을 가르치는 꿈, 아이들에게 다정한 인생의 교사가 되어주는 꿈, 입시에 지쳐가는 아이들과 그 곁의 부모들을 위로하는 만화를 그리는 꿈, 그러나 그에게 이제 꿈은 반드시 이뤄야 하는 목표가 아니다. 앞으로 살아있는 날 동안 해나갈 일상일 뿐이다. 중요한 것은 그는 지금 물처럼 자신이 가는 길을 유유히 흘러가고 있다는 것이다.

다섯 번째 만남

히포크라테스의 후예 정준기

이 사람은 유약하고 평범하였으나
그가 선택한 외길에서
순수한 열정으로 노력하였고
인간과 자연에 대한 애정을
일생 동안 키우고 나누어 주려 했다

내가 후세에 남길 글을 만들고 나니, 거꾸로 현재와 미래에 어떻게 살아가야 할지 알겠다. 어떤 선택과 갈등에서 고민할 때 해결하는 원칙을 제시해 줄 것이다. 이와 같이 자기의 비문을 미리 생각하며 지낸다면 지금 세상의 삶을 좀 더 충실하게 보낼 수 있지 않을까?

우리나라 핵의학계의 리더인 정준기 교수는 서울대학교병원에서 핵의학과 갑상선 진료를 보고 있다. 본인의 에세이집을 두 권이나 냈으며 의사동인회 박달회 회원으로도 활동 중이다. 그는 인생에서 겪게 되는 좌절과 소소한 일상에도 삶의 기쁨을 얻으며 살아왔다고 말한다.

그의
미리쓰는 비문

●

그에게 물었다.
"세상의 많은 말들중에 왜 그런 비문을 골랐나요?"
그가 대답했다.

묘지 비문에는 한 인간의 생애를 걸쳐 흐르고 있던 원칙을 표현하는 것이 좋다고 생각합니다. 즉 개인적 삶의 근저를 이루는 철학이라고도 할 수 있죠. 일생을 나름대로 철저하게 산 사람에게 어떤 원칙이 있어, 여러 상황에서 나타내는 생각이나 행동을 우리가 해석할 수 있고 또 예측할 수 있습니다.

여기 한 사나이 누웠으니
애써 글 읽고
하늘과 바람과 물과
나무를 사랑하고
사람도 사랑하였으되
성실있기 힘듦을 보고 가노라

제가 가장 좋아하는 수필가인 이양하 선생님의 비문입니다. 특이하게도 이 비문은 선생님이 젊어서 미국 예일대학교에서 공부할 때 이미 만들어 읊조리던 시였습니다. 부인 장영숙 여사는 "그는 자기의 비문을 머릿속에 새겨가면서 이 세상을 살다 간 사람이다. 영원을 그리워하며, 죽음과 사랑을 명상冥想하였다. 그러면서도 현실을 외면하지 않고 애타게 성실을 부르짖었다"고 회상하였습니다.

제 생각도 이양하 선생님과 비슷합니다. 마음과 몸이 크지 않고 약해 위대한 목표를 앞세우고 살지는 못했지만, 작은 성취와 생활 중에 만나는 소소한 기쁨으로 만족하려 했습니다. 사람에 대한 믿음으로 살려고 노력해, 때로 좌절해도 신뢰를 버리지 않으려고 했습니다. 책 읽기를 즐겨하고 음악과 자연의 소리를 사랑했습니다.

그래서 다음과 같은 비문을 생각했습니다.

이 사람은 유약하고 평범하였으나
그가 선택한 외길에서
순수한 열정으로 노력하였고,
인간과 자연에 대한 애정을
일생동안 키우고 나누어 주려 했다.

●●

그에게 물었다.
"당신의 인생에서 일관하여 지켜 온 삶의 원칙은 무엇입니까?"
그가 대답했다.

자서전에서는 명확하게 그 삶과 철학을 알 수 있습니다. 제가 좋아하는 자서전이 김 구 선생님의 〈백범 일지〉인데, 일제시설 상해 대한민국 임시정부의 주석이었던 백범 선생님의 평생 목표이자 소원은 다음과 같았습니다.

네 소원이 뭐냐고 하느님이 물으시면, 난 서슴지 않고
"대한독립이오"라고 대답할 것이다.
"그 다음 소원은?" 하시면
난 또 "우리나라의 독립이오"라고 할 것이며
또 다음 소원이 무어냐는 세 번째 물음에도
나는 더욱 소리 높여 "나의 소원은 우리나라 대한의
완전한 자주 독립이오"라고 대답할 것이다!!

조국독립에 몸 바쳐 살아온 백범의 마지막 희망은 임시정부 주석에서 신설 우리나라 정부청사의 문지기로 강등(?)되는 것이었습니다. 진실로 조국 광복을 향한 한결 같은 마음이자 인생이었습니다.

또 한 사람이 인도의 마하트마 간디입니다. 사랑을 의미하는 비폭력과 무저항을 중심 사상으로 일생을 당시의 대제국인 영국과 맞서 이겨낸 그는 자서전을 〈나의 진리실험 이야기(The story of my experiments with truth)〉라고 명명했습니다. "진리는 신이다(Truth is god)"라고 까지 말한 그는, 진리라고 생각하는 바에 따라 실험적으로 자기 인생을 살아보려 했습니다. 이런 태도가 고지식하고 평범한 변호사였던 그를 금세기에 가장 성聖스러운 마하트마(위

대한 영혼)로 변모시켰습니다. 다시 생각해 보면, 혹독한 영국 식민지 치하인 인도의 독립이 간디에게는 진리실현의 한 방편일 뿐이었습니다.

저의 인생을 일관하여 지켜 온 삶의 원칙도 다르지 않습니다. 제가 사는 일생 동안에는 다행히 우리나라를 잃거나 또는 다른 큰 역사적 환란이 없었습니다. 평탄한 가운데 어려서부터 책을 읽으며 다져온 저의 생활 태도는 어떤 일에도 열심히 하자는 것이었습니다. 특히 다른 사람들이 대단하게 여기지 않는 일에 가치를 찾아 성실하게 사는 것이었습니다. 영국 소설 〈굿바이 미스터 칩스〉와 〈성채〉, 일본 영화 〈철도원〉의 주인공 같이 평생을 사립학교 선생, 탄광 동네 의사나 시골 철도원으로. 어떤 일과 노력이 대단하고 안하고는 남이 평가해 주는 것이 아니라 자기 스스로 인정해 주는 것이라고 생각했습니다. 가치는 본래부터 있는 게 아니라 우리가 만들어 주기 때문입니다. 아니 오히려 이런 나를 통해서 세상 사람에게 참 가치가 무엇인지를 보여 주겠다고 자부했었습니다. 우리가 자신을 소중하게 생각할 때 하찮아 보이는 인생사 하나하나가 의미 있어지리라 믿습니다. 그리고 이러한 가운데 어느새 인간에 대한 사랑으로 연결되어 세상이 조금은 밝아지길 기대해봅니다.

히포크라테스의 후예

정준기

그의 이야기

그는 1977년 서울대학교 의과대학을 졸업하고 1985년 서울대학교 의과대학 전임강사로 발령받은 이후 현재까지 서울대학교 의과대학 핵의학교실에서 핵의학을 이끌고 있다. 핵의학이란 베타선, 감마선를 내는 방사성동위원소를 환자 질병의 진단과 치료에 사용하는 새로운 의학분야이다. 그는 이 분야를 육성하면서 온화하고 부드러운 인품으로 위와 아래를 아우르는 너그러운 리더십을 발휘하여 후배, 특히 제자들의 많은 존경을 받고 있다.

그는 교육활동에 많은 관심을 가지고 전공의 및 지도학생을 교육하였으며, 외부적으로도 국내외로 많은 강연을 통해 핵의학의 확산에 노력하였다. 동남아 등 개발도상국을 다니며 100여 차례가 넘는 강연을 하여 '핵의학을 쉽고 친절하게 가르쳐 주는 한국 선생님'으로 알려져있다. 그의 강의는 주의를 집중시키면서도 이해하기 쉽고 핵심을 잘 짚는 명강의로 이름이 높다. 이러한 다방면으로 뛰어난 능력은 유려한 글 솜씨에 기반을 두고 있다. 자신이 쓴 수필을 정리하여 수필집 '젊은 히포크라테스를 위하여', '소소한 일상 속 한줄기 위안'을 발간하였다.

그는 핵의학의 국내 보급과 세계화에 앞장서 대한 핵의학회 이사장, 세계핵의학회 사무총장, 아시아지역 핵의학협력기구 회장, 아시아분자영상협의 회장을 역임하였다. 또 미국 핵의학회에서 'Outstanding Clinical Investigation Award'를 받았으며 대한핵의학회 공로상과 대한갑상선학회 범산학술상을 수상하였다.

국내 핵의학을 세계 최고 수준으로 끌어올리는 데 선두적인 역할을 한 그는 그 공을 높이 평가받아 2009년 대한의학회로부터 바이엘쉐링 임상의학상을 받았다.

현재 의학한림원 정회원이며 대한갑상선학회 회장이다. 서울대학교병원 갑상선센터에서 진료중이며, 의학역사문화원장을 맡아 활동하고 있다.

II. 별은 빛나고…

고홍곤

작은 꽃씨로 삶의 마침표를 찍듯
모든 욕심 버리고 꽃 마음으로 살다가
삶의 바다에서
지는 꽃으로 흘러도
다시 꽃으로 태어나겠습니다

여섯 번째 만남

꽃을 찍는 사진작가 고홍곤

작은 꽃씨로 삶의 마침표를 찍듯
모든 욕심 버리고 꽃 마음으로 살다가
삶의 바다에서
지는 꽃으로 흘러도
다시 꽃으로 태어나겠습니다

아주 잠시일지는 몰라도, 꽃은 우리를 오래 기다려 주지 않아요. 사람의 관계도 마찬가지인 것 같다는 생각을 합니다. 그래서 삶의 순간순간에 최선을 다하며 삶의 정을 나누어야 하지 않을까요?

고홍곤 작가는 SK상사와 대검 과학수사과에서 근무하다 홍익대학원 사진대학원을 졸업했으며, '꽃 향기 그리고 미소'와 '꽃심, 나를 흔들다' 등 사진집을 출간했다. 그는 지속적인 꽃사진 작업과 그에 어울리는 글을 통해 자신의 사진과 글을 접하는 사람들이 잠시나마 삶을 돌아볼 수 있는 작업을 하며 긴장도를 유지하고 싶다고 말한다.

꽃씨를 닮은 마침표처럼

●

그에게 물었다.

"세상의 많은 말들 중에 왜 그런 비문을 골랐나요?"

그가 대답했다.

도심 속에서 꽃과 인공물이 잘 어우러진 멋진 구도를 보물찾기하듯 찾아내며 꽃을 촬영하는 저는, 피치 못하게 시간에 쫓길 때가 있습니다. 그럴 때마다 아쉬운 마음으로 "다음에 와서 촬영해야지!"하고 돌아선 적이 많습니다. 하지만 바쁜 일상으로 인해 그 장소를 다시 찾아가기란 쉬운 일이 아니며, 설사 그 장소에 다시 찾아갔다 하더라도 그때의 모습과

분위기와는 전혀 다른 모습으로 꽃은 그 자리에 있습니다. 이미 꽃이 진 경우도 있지요.

아주 잠시일지는 몰라도, 꽃은 우리를 오래 기다려 주지 않아요. 사람의 관계도 마찬가지인 것 같다는 생각을 합니다. 그래서 삶의 순간순간에 최선을 다하며 삶의 정을 나누어야 하지 않을까요?

● ●

그에게 다시 물었다.

"사람과 꽃은 닮았네요. 그럼 꽃을 닮은 삶을 살고 싶으신건가요?"

그는 꽃 같은 미소를 머금고 대답했다.

꽃씨를 닮은 마침표를 찍기 위해 나에게 주어진 세상소풍을 즐겁고 의미 있게 살아가려 합니다. 작은 꽃이라 낙담하지 않고, 삶에 감사할 줄 알며, 어려운 환경 속에서도 꿋꿋하게 꽃을 피워내며 세상을 환하게 밝히는 꽃들처럼, 그렇게 살아가면 되지 않을까 합니다.

향기는 바람에게 내어주고 꿀은 꿀벌에게, 씨앗은 들판에게 내어주는 엄마의 마음처럼 저도 사회를 위해 향기를 내어주는 꽃이 되어야겠습니다. 소외된 이웃에게는 좀 더 낮은 자세로 다가가 꽃님들이 전하는 삶의 위로와 격려와 희망의 말을 우체부가 되어 그들에게 전달하고자 합니다.

세상에서 가장 아름다운 별은 아직 찾지 못한 별이며, 가장 아름다운 날은 살지 않은 날임을 기억하며 매 순간순간에 최선을 다하지 않으면 안 된다는 것을 전하겠습니다. 앉은자리가 꽃자리임을 마음에 새기며 나의 작은 향기라도 누군가에게 작은 힘이 된다면, 기꺼이 그에게 꽃이 되어주겠습니다.

꽃의 역할을 다한 후에는 미련없이 꽃잎도 꽃대도 들판에다 내어주고 작은 꽃씨로 삶의 마침표를 찍듯 모든 욕심 버리고 꽃 마음으로 살다가 삶의 바다에서 지는 꽃으로 흘러도 다시 꽃으로 태어나겠습니다.

개불알꽃 | 고홍곤

세상에서 가장 아름다운 별은 아직 찾지 못한 별이며, 가장 아름다운 날은 살지 않은 날임을 기억하며 매 순간 순간에 최선을 다하지 않으면 안 된다는 것을 전하겠습니다. 앉은자리가 꽃자리임을 마음에 새기며 나의 작은 향기라도 누군가에게 작은 힘이 된다면, 기꺼이 그에게 꽃이 되어주겠습니다

고홍곤·꽃을 찍는 사진작가

꽃을 찍는 사진작가

고홍곤

그의 이야기

홍익대학교 사진대학원을 졸업한 후 '꽃 · 향기 그리고 미소', '꽃심, 나를 흔들다' 등 사진집을 출간한 고홍곤 작가가 꽃사진에 관심을 가진 것은 27년 전 처음 카메라를 구입한 후 카메라 렌즈를 통해 꽃의 세상을 보았을 때 부터였다. 그 세상이 너무나 아름다워 산으로 들로 꽃사진 촬영을 다니게 되었다.

그가 유독 꽃만 고집하여 사진에 담는 이유는 어느 토양과 환경에도 상관없이 화려하든, 수수하든 꽃 피우기를 주저하지 않고 저마다 아름답게 피워내는 꽃이 기특해서이다. 그는 꽃을 통해 삶의 기쁨과 희망을 노래하고 그리움, 상처 등을 보듬어 보고 싶다고 말한다.

그런 그가 가장 좋아하는 꽃은 아침에 피는 보라색 나팔꽃이다.

천상의 별빛과 교감하며 새벽녘 열심히 준비하여 아침에 출근하기 전 곱게 피어나 활짝 웃어주는 나팔꽃, 다음 해가 되면 그 자리에서 다시 피어나고 또 피어난다. 그래서 천년의 약속이란 말이 어울리는 듯하다.

다양한 테마를 정할 수도 있지만 아직 꽃만으로도 이야기할 시간이 부족한 것 같기에 2년마다 꽃 사진전만은 고집하는 그다. 꽃을 통해 삶의 희망과 기쁨, 슬픔, 그리움, 기다림, 상처받은 마음 위로, 마음 비우기라는 소주제를 가지고 우리 삶과 밀접한 감정들을 짧은 글과 사진이미지로 독자들의 가슴을 파고든다.

그래서 예쁜 꽃들만을 촬영하지 않고 막 피어오르기 직전의 꽃들, 때론 꽃이 진 앙상한 장미가지, 낙화 등을 촬영하고 꽃 뒤의 배경으로 맑은 하늘, 안개 낀 호수, 우리들 삶의 공간인 벽, 바닷가, 물가, 호수 등을 통해 다양한 감정을 표출한다. 그리고 꽃사진의 콘셉트를 '아름다움'이 아닌 '생명력'에 초점을 맞추어 촬영한다.

꽃은 언젠가 한번은 화려하게 피어나지만 결국 낙화가 되어 세월에 떠밀리는 모습이 사람과 닮았다. 그는 지속적인 꽃사진 작업과 그에 어울리는 글을 통해 자신의 사진과 글을 접하는 사람들이 잠시나마 삶을 돌아볼 수 있는 작업을 하며 긴장도를 유지하고 싶다고 말한다. 그리고 그의 사진을 본 이들이 꽃처럼 서로 향기를 내어주고 양보하며 사는 것을 보는 게 꽃 사진을 찍는 그의 바람이다.

고홍곤·꽃을찍는사진작가

일곱 번째 만남

기부왕 요리사 배정철

원 없이 살다 갑니다

'원 없이 살다 간다'는 말은 행복하게 산 사람만이 남길 수 있는 말이 아닐까요. 잘났던 못났던 결국은 누구나 생을 마감하게 됩니다. 수많은 사람과 만나고 헤어지면서 원하지 않는 업도 많이 쌓아가면서 말입니다. 하지만 죽는 그 순간 '이제 더 이상 원이 없다'고 말할 수 있다면 그것으로 충분한 게 아닐까요. 살아있는 내내 최선을 다하지 않았다면 결코 할 수 없는 말일 테니까요

전남 장성에서 가난한 소작농 아들로 태어나 숱한 고생 끝에 서울 강남구 논현동에 일식집 '어도'를 창업한 배정철 대표. 그는 서울대병원 함춘후원회를 통해 지난 15년간 11억 1천500만원을 기부하는 등 지금까지 사회에 총 50여 억 원을 기부한 미스터 초밥왕으로 알려져 있다.

꿈을
꾸는 이유

●

그에게 물었다.

"세상의 말들 중에 왜 그런 비문을 골랐나요?"

그가 대답했다.

'원 없이 살다 간다'는 말은 세상을 행복하게 산 사람만이 남길 수 있는 말이 아닐까요. 우리가 태어나면 어디를 향해 달려갑니까? 죽음이죠. 잘났던 못났던 결국은 누구나 생을 마감하게 됩니다. 수많은 사람과 만나고 헤어지면서 원하지 않는 업도 많이 쌓아가면서 말입니다. 하지만 죽는 그 순간 '이제 더 이상 원이 없다'고 말할 수 있다면 그것으로 충분한 게 아닐까요. 살아있는 내내 최선을 다하지 않았다면 결코 할 수 없는 말일 테니까요.

아직은 제게 허락된 삶이 남아 있겠지만 '원 없이 살다 간다' 는 마음속 비문을 생각하며 늘 오늘처럼 살아가고 싶습니다. 가끔은 지치고 힘들 때도 있겠죠. 그래도 어디로 걸어가는지 알고 있는 사람은 결코 가던 길을 멈추지는 않습니다. 제게는 그 길이 즐거운 길이 될 것 같습니다. 지금도 원 없이 살고 있으니까요.

●●

그에게 물었다.
"대체 무엇을 그렇게 원 없이 살았습니까?"
그가 대답했다.

어린 시절 저는 가난했고 많이 아팠습니다. 초등학교도 겨우 마쳤고, 늘 배불리 먹는 게 소원인 아이로 자랐죠. 가방끈 짧고 돈 없는 것도 서러운데 몸까지 아픈 청년시절을 보내며 세상의 끈을 놓아버리려고도 했습니다. 하지만 그때 절 위해 기도하던 어머니의 눈물을 보았습니다.

배정철 · 기부왕요리사

살아야겠다, 다시 살아야겠다, 그렇게 마음을 바꿔먹고
몸이 부서져라 일했습니다

살아야겠다, 다시 살아야겠다, 그렇게 마음을 바꿔먹고 몸이 부서져라 일했습니다.

그리고 꿈꾸기 시작했죠. 건강해져 꾸준히 일을 할 수 있게 되고 돈까지 벌게 된다면 평생 어려운 이들을 돕고 살겠다는 꿈을 말입니다. 그로부터 몇 십 년이 흐른 지금 내 몸을 움직여 번 돈으로 아프고 힘든 이들을 돕고 있습니다.

제가 가지고만 있었다면 그저 수십억 원의 재산에 머물고 말았을 돈이 아픈 이들을 살리고, 어려운 이들을 배우게 하는 나눔이 되어 돌아갔어요. 돈 없고 아프던 시절, 꿈꿨던 모든 것을 이뤘으니 사람 배정철이 세상에 나와 꾼 꿈을 다 이룬 셈이죠.

●●●

그에게 물었다.
"꿈조차 꿀 수 없다는 이들에게 해주고 싶은 말이 있나요?"
그가 대답했다.

만약 지금 생의 한 고비에서
좌절한 누군가가 곁에 있다면,
이렇게 이야기해주고 싶네요
우선은 열심히 그리고 솔직하게 살아보라고요
당장 뭔가를 이루진 못하겠지만,
언젠가는 원하는 것을 분명 얻게 될 테니까요

열심히 그리고 솔직하게 살라고 말해주고 싶습니다. 사실 처음부터 제가 요리사를 직업으로 택했던 것은 아닙니다. 먹고 살기 위해 시작한 요릿집 허드렛일이 오늘의 저를 만들어준거죠. 아무런 꿈도 보이지 않던 않는 그 시절, 절망하고 다시 일어서기를 수없이 반복하면서도 저는 열심히, 그리고 솔직하게 살려고 노력했습니다. 그렇게 달리다보니 어느새 요리사로 결혼을 하고, 자식을 얻고, 돈을 벌고, 기부도 하게 되었습니다. 먹고 살기위해 어쩔 수 없이 선택한 요리가 결국은 모든 꿈을 이뤄준 힘이 된 거죠.

요리를 할 때마다 생각합니다. 부끄럼 없는 요리를 만들어 고객을 행복하게 만들어야겠다는 그런 생각요. 제 요리에서 행복을 느끼는 분들이 있어야 계속 나눌 수 있을 테니까요. 만약 지금 생의 한 고비에서 좌절한 누군가가 곁에 있다면 이렇게 이야기해주고 싶네요. 우선은 열심히, 그리고 솔직하게 살아보라고요. 당장 뭔가를 이루진 못하겠지만 언젠가는 원하는 것을 분명 얻게 될 테니까요.

배정철 · 기부왕요리사

기부왕 요리사 배정철 그의 이야기

그는 지금은 강남 최고의 일식집 사장이지만 누구보다 혹독한 가난 속에서 자랐다. 전남 장성에서 6남매 중 막내로 태어난 그는, 다섯 살 때 아버지를 잃어야 했다. 홀어머니를 따라 무작정 서울로 상경했지만 도봉동 쪽방촌에서 배고픔과 추위에 떨며 살았다. 자연스레 어린시절 부터 어머니나 형제들의 도움은 바랄 수 없었다. 대신 또래 친구들이 중학교를 다니던 시절부터 동네 일식집에서 일했다. 맨주먹으로 일어서기 위해 온갖 허드렛일을 마다않고 살았다. 그러나 그에게 돌아온 것은 성공의 기쁨이 아니라 끔찍한 자살충동이었다.

치사량이 넘는 수면제가 모아졌을 무렵 그는 마지막으로 어머니가 혼자 지내던 의정부 단칸방 집을 찾았다.

그날 밤 미안함과 번민에 깊은 잠을 이루지 못하고 있던 그에게 아픈 아들대신 자신을 데려가 달라고 간청하는 늙은 어머니의 가슴 아픈 기도소리가 들려왔다.

그 후 그는 달라졌다. 마치 자신의 가게처럼 최선을 다하는 그를 인정하는 고객들이 날이 갈수록 늘어만 갔다.

그는 마침내 서른 한 살의 나이에 강남 일식집의 사장이 됐다. 사장이 되어서도 변함없이 정직하게, 겸허하게, 그리고 최선을 다해 고객들을 대했다. 손님은 연일 불어났다. 성공을 이룬 그는 가까운 동네의 어른들에게 식사대접을 하는 것으로 어려운 이들을 돕고 살겠다는 마음속 꿈을 풀어내기 시작했다.

그로부터 20여년 가까운 세월이 흐른 지금, 그의 특별한 나눔 이력은 사회 각계에서 회자될 정도다. 그는 서울대병원 함춘후원회를 통해 11억 1천500만원을 기부하는 등 지금까지 우리 사회에 총 50여억원의 돈을 기부한 미스터 초밥왕으로 알려졌다.

사실 남을 돕고 살겠다는 꿈을 지키기 위해 그가 포기해야 하는 것들은 결코 작은 것이 아니다. 가족과 보내는 시간도 다른 사람보다는 적을 수밖에 없다. 다행히 그의 가족이 나눔을 적극 지지하고 있다.

그의 꾸준한 도움을 받고 있는 많은 사람들 중에는 유독 학생들이 많다. 그가 가장 많은 애정을 갖고 있는 것이 바로 학생들을 위한 장학사업인 탓이다. 그런 그가 학생들에게 늘 되풀이하는 이야기가 있다. 나중에 잘되면 자신에게 은혜를 갚을 생각을 하지 말고 어렵고 힘든 사람들한테 도움을 줄 수 있는 그런 사람이 되어달라는 이야기다. 언젠가 자신이 사라져도 자신처럼 나눌 수 있는 사람이 많아진다면 자신의 역할은 계속 이어질 수 있다는 것이 그의 신념이다.

배정철 · 기부왕 요리사

세상을 밝히는 빛 '신 언항'

이만하면 됐다

여덟 번째 만남

세상을 밝히는 빛 신언항

이만하면 됐다

삶은 선택입니다. 저는 지금까지 항상 탁월한 선택을 했습니다. 공무원이 되기로 결심한 것, 여러 부처 중 보건복지부를 선택한 것, 막내를 입양하여 내 아들로 만든 것, 아내를 선택한 것 모두 잘한 선택이라고 생각합니다. 그러니 정말 '이만하면 됐다' 입니다.

신언항 회장은 한국실명예방재단 회장으로 눈이 불편한 이들에게 세상의 빛을 전달하고 있다. 2013년에는 제 1대 중앙입양원 원장으로 선출되어 현재는 실명예방재단 회장과 함께 겸임 중이다. 7년 전 예순이 넘은 나이에 막내아들을 입양하고 나서 부쩍 행복이 무엇인지를 깨닫는 다는 그는 '입양은 또 하나의 행복' 이라고 말한다.

행복은 선택하는 자의 것
당신의 선택은?

그에게 물었다.

"세상의 많은 말들 중에 왜 그런 비문을 골랐나요?"

그가 대답했다.

처음 비석에 어떤 글을 쓰고 싶냐는 제의를 받았을 땐, 어차피 화장(火葬)을 할 생각이니 비문에는 쓸 말이 없다고 했습니다. 대신 가족에 대한 유언을 쓰겠다고 했죠.

가족에게 마지막 유언을 남기는 것. 쉬울 것 같지만 쉽게 할 수 있는 일이 아닙니다. 하고 싶어도 하지 못하고 죽을 수도 있어요. 사고를 당하거나, 갑작스레 혼수상태에 빠져서 죽을 수도 있습니다. 노환으로 죽는다고 해도 죽는 그 순간까지 정신이 멀쩡하다고 누가 자신할 수 있겠습니까. 그래서 얼마 전 아내에게 제가 죽을 때 하고 싶은 말을 미리 일러주었습니다.

"이만하면 됐어요. 우리는 참 행복하고 성공한 삶이었어요. 당신에게 감사해요."

며칠 후 다시 아내에게 기억하냐고 물었더니, 심각하게 듣지 않아 잊어버렸다고 하더군요.

그래서 제 유언이 책으로 출간된다면 아내와 자식들에게 미리 이야기하게 되는 셈이니 잘 됐다고 생각했습니다.

만약 죽음을 마음대로 정할 수가 있어서 저와 4살 차이가 나는 아내와 비슷한 시기에 간다면, 제가 아내보다 4년 더 사는 것이니 아내의 뒷바라지를 다 해주고 뒤따라가고 싶습니다. 그리고 아내를 보낼 때 이렇게 말할 것입니다. "이만하면 됐어요. 우리는 참 행복하고 성공한 삶을 살았어요. 당신에게 감사해요"라고.

그리고 제가 갈 때는 자식들에게 "이만하면 됐다! 행복한 삶이었다. 그리고 성공한 삶이었다. 참 고맙다"라고 말하고 싶습니다.

●●

그에게 다시 물었다.

"그렇게 말하고 싶은 이유라도 있나요?"

저는 참 재주가 없는 사람입니다. 다른 말로 하면 '못났다' 라고 하죠. 머리도 안 좋고, 인물도 없고, 재주도 없고, 운동도 못하며 눈치까지 없습니다. 남들 앞에 자신 있게 나설 용기도 없었습니다. 어렸을 땐 '바보천치' 라는 말도 들었어요. 이게 사실이라도 이런 말을 듣는다면 어느 누가 좋겠습니까. 싫고 화가 나겠죠.

그러니 저는 불행한 삶을 산 사람입니다. 한 예로 80년대까지만 해도 술자리에선 돌아가면서 노래를 한곡 씩 하는 것이 풍속이었습니다. 언제나 차례가 올 때까지 조마조마 했죠. '내가 노래하면 얼마나 속으로 웃을까!' 걱정을 하다가 막상 차례가 되어 노래를 하면 제 노래를 듣기는커녕 자기들끼리 낄낄 대면서 잡담을 합니다. 무시당한 것 같은 기분에 더는 부르지 못하고 고음에서 지범벅 거리다가 노래를 마치면 동석자들은 의례적으로 박수를 '짝짝' 칩니다.

머리 나쁜 것, 운동신경이 없는 것, 잘생기지 못한 것, 말을 잘하지 못하는 것 등에 대한 콤플렉스를 가지고 있다는 것을 남들이 믿지 않을 지도 모릅니다.

신연항 · 세상을 밝히는 빛

그렇다고 일일이 예를 들어 못난 점을 증명하는 것도 웃기지 않습니까.

저의 초·중·고, 대학 생활, 군대, 공무원생활 모두 그 순간순간 불행했던 것 같습니다. 불행했다는 것은 내가 여러 가지로 부족하다는 생각을 끊임없이 했기 때문이죠. 부족한점이 드러날까 봐 무서워하는 심정, 사람들은 이해할 수 있을까하는. 심리학자들은 이를 열등감이라고 합니다.

●●●

의아한 생각이 들어 그에게 물었다.

"온통 불행한 애기뿐이네요. 그럼에도 왜 행복한 삶을 살았다고 하시는 거죠?"

지나간 과거는 중요하지 않습니다. 그 때와 비교하면 지금의 저는 완전히 다른 사람이죠. 미래도 마찬가지입니다. 지금 현재 어떻게 생각하고 있느냐에 따라 성공과 행복은 결정된다는 믿음이 생겼습니다. 이제는 머리 나쁘다고 기죽을 필요가 없습니다. 남들 앞에서 억지로 노래 부를 일도 없죠. 못하는 운동을 억지로 떠밀려서 하지 않아도 되고, 60세가 넘다보니 용모에 대해서도 열등감을 가질 필요가 없습니다. 그럭저럭 건강도 괜찮은 편이고요.

저는 뚜렷한 삶의 목적을 가지고 살아왔습니다. 목적이 있는 한 어려움과 시련이 있어도 이를 극복할 수 있죠.

그렇기에 부족한 제가 지금 이 자리까지 올 수 있었습니다. 행정고시를 준비할 때 '조국의 번영과 국민을 위하여 공무원이 되려고 하는 나를 시험에서 떨어뜨릴 이유가 없다. 고로 나는 합격한다' 라는 생각을 가지고 공부를 했습니다. 그리고 합격했습니다. 공직 생활 중에도 어려운 순간이 많았지만 '나라와 민족을 위한 것이지 내 개인적인 영달을 위한 것은 아니다' 라고 스스로를 위로했습니다.

삶은 선택입니다. 저는 지금까지 항상 탁월한 선택을 했습니다. 공무원이 되기로 결심한 것, 여러 부처 중 보건복지부를 선택한 것, 막내를 입양하여 내 아들로 만든 것, 아내를 선택한 것 모두 잘한 선택이라고 생각합니다. 그러니 정말 '이만하면 됐다' 입니다.

세상을 밝히는 빛

신언항

그의 이야기

그는 성균관대학교 행정학과 출신으로 행시 16회에 합격해 보건복지부에서 30년간 공직생활을 했고, 2003년 보건복지부 차관으로 퇴임한 후 건강보험심사평가원장 등을 역임했다.

그는 개인적으로는 퇴임 당시 막내아들을 입양하여 2007년부터는 국내 입양 부모들의 자조단체인 한국입양홍보회 이사로 2012년까지 활동했다.

비록 60대 후반이지만 남은 인생을 어떻게 살 것인가의 비전을 가지고 있기에 시간을 어떻게 보내야 할지 걱정하지 않아도 된다는 그. 남은 인생을 자신과 같은 열등감과 좌절감 속에서 살고 있는 청소년들에게 희망의 본보기가 되고 싶다고 말한다.

자질과 능력이 부족함에도 불구하고 오로지 노력하나로 자신의 자리까지 올 수 있었던 경험담을 그들과 공유하고 싶다고 한다. 그는 어려운 이들이 자신감을 갖고 살 수 있게끔 격려해서 불우한 환경의 아이들을 대변하여 권익을 보호하는 것이 자신의 임무라고 생각한다.

그의 인생철학은 바로 '삶은 선택'이라는 것이다. 그 점에서 자신은 지금까지 항상 탁월한 선택을 했다고 말한다. 공무원이 되기로 결심한 것, 여러 부처 중 보건복지부를 선택한 것. 막내를 입양하여 자신의 아들로 만든 것, 아내를 선택한 것 등등 모두 잘한 일이라고 자신 있게 이야기 한다.

맹자가 말한 인생삼락(人生三樂)에 비추어 볼 때, 세 가지 낙(樂)을 다 가지고 있다는 그. 그래서 행복하다고 말한다.

"아버지, 어머니 모두 생존해 계시고, 6남매 모두 잘 지내고 있으니 그것이 제 1락(樂)이요, 하늘을 우러러 약간의 부끄럼은 있지만 그래도 이만하면 됐지 아니한가. 그러니 제 2락(樂)이요. 공직을 마친 후 지금까지 대학에서 후학을 가르치고 있으니 제 3락(樂)이 아니겠는가."

자신의 삶을 돌아보며 만족할 줄 아는 그. 행복함을 가슴으로 느낄 줄 아는 그는 오늘도 자신의 행복이 이웃들의 행복이 되길 바라며 부단히 노력중이다.

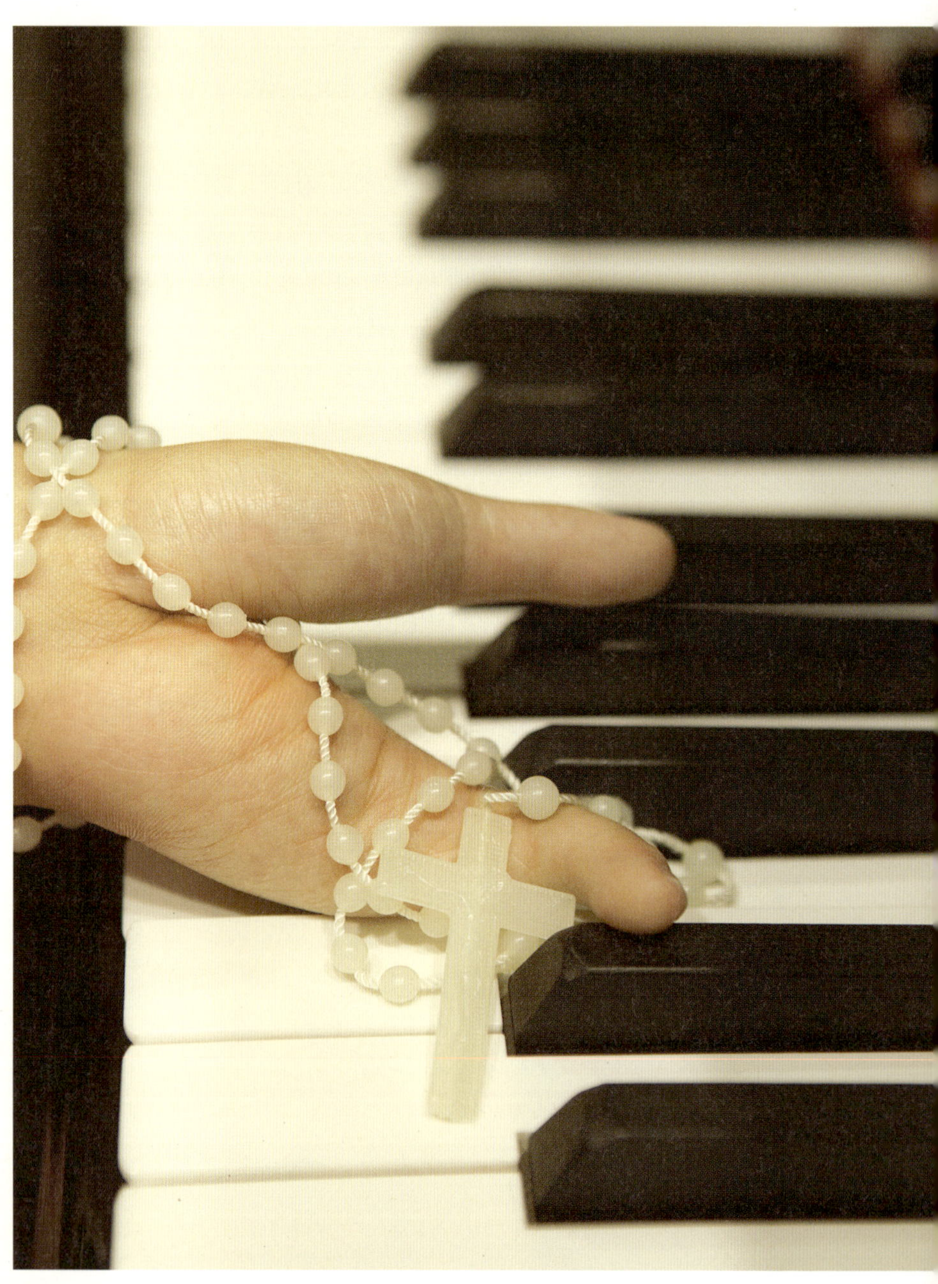

아홉 번째 만남

네 손가락의 피아니스트 이희아

작아서 행복했습니다

제 몸은 실제로 작습니다. 게다가 손가락은 양쪽을 합쳐서 네 개, 두 개의 발마저 잃고 말았습니다. 겉으로만 보면 남들보다 불완전하고, 가진 게 적은 셈이죠. 하지만 저는 작고 불완전한 제 몸 때문에 불행하지 않습니다. 제 인생은 오히려 작아서 행복합니다. '작아서 행복하다' 는 말, 제게는 어쩌면 비문인 동시에 제가 세상에 고백하는 고마움이 아닐까요.

네 개의 손가락과 한 개의 발가락을 가지고 태어난 이희아. 그러나 그는 세상의 편견과 장애의 벽을 허물고 영혼의 음악을 들려주는 피아니스트로 우뚝 섰다. 네손가락의 피아니스트로 유명한 그는 현실 앞에 고통 받는 모든 이들에게 희망의 아이콘이 되고 있다.

모든 생명에게 희망을

●

그에게 물었다.

"세상의 말들 중에 왜 그런 비문을 골랐나요?"

그가 대답했다.

제 공연 때마다 어머니가 하시는 말씀이 있습니다. "희아는 이 세상에서 가장 작은 피아니스트입니다. 이 작은 피아니스트를 보러 와주신 많은 분들 감사합니다."라는 인사말인데요. 제 몸은 실제로 작습니다. 게다가 손가락은 양쪽을 합쳐서 네 개, 두 개의 발마저 잃고 말았습니다. 겉으로만 보면 남들보다 불완전하고, 가진 게 적은 셈이죠. 하지만 저는 작고 불완전한 제 몸 때문에 불행하지 않습니다. 제 인생은 오히려 행복합니다.

어떻게 그럴 수 있냐고요? 저는 제가 가진 것들을 소중하게 여기기 때문입니다. 아무리 부족하고 모자라도 자기 자신을 소중히 여기면 행복해집니다. 어릴 때는 부모님을 통해 그것을 배웠고, 자라면서 제 스스로 저를 소중하게 여기는 법을 익혔습니다. 그렇게 살면서 늘 감사할 일들이 하나씩 늘어갔죠. 피아노 건반조차 누를 수 없었던 제 손가락이 숱한 연습을 통해 사람들의 박수를 받는 피아니스트의 손가락이 되었습니다.

세상의 편견 때문에 괴물이라는 놀림을 받기도 했던 제가 이제는 힘들고 아픈 이들을 위로할 수 있는 자리에 서고 있습니다. 작기 때문에 여전히 아이들과 같은 눈높이에서 세상을 보고, 세상을 연주하고, 세상에 대한 사랑을 지켜가고 있습니다. '작아서 행복했다'는 말, 제게는 어쩌면 비문인 동시에 제가 세상에 고백하는 고마움이 아닐까요.

음악 역시 제게는 큰 힘이었습니다
지독한 연습을 하고서도
'나비야 나비야' 한 곡을 치는데 반년이 걸렸을 만큼
어려웠던 시절도 있었지만
음악은 줄곧 저를 들뜨게 하고, 감사하게 하고
꿈꾸게 하는 에너지가 되어주었죠

● ●

그에게 물었다.
"당신을 키운 힘은 무엇입니까?"
그가 대답했다.

제 몸이 작아서인지 저는 제 자신이 늘 아이와 같다는 생각을 합니다. 아이처럼 많이 웃고, 슬플 때는 참지 않고 울어요. 사람을 만나도 그 사람이 가진 위치나 힘이 아닌 그 사람의 마음만을 보려고 하죠. 무엇보다 속에 있는 말을 감추지 않으려고 합니다. 그렇게 살면서 부정보다는 긍정의 힘을 많이 갖게 됐어요. 내가 있는 그대로 세상을 받아들이면 언젠가는 세상도 있는 그대로의 저를 봐주니까요.

음악 역시 제게는 큰 힘이었습니다. 지독한 연습을 하고서도 '나비야 나비야' 한 곡을 치는데 반년이 걸렸을 만큼 어려웠던 시절도 있었지만 음악은 줄곧 저를 들뜨게 하고, 감사하게 하고, 꿈꾸게 하는 에너지가 되어주었죠.

마지막으로 어머니를 빼놓을 수 없겠네요. 우리 어머니 우갑선씨, 어머니는 제게 가장 귀한 생명을 주셨고, 그 생명이 희망이 될 수 있게 만들어주셨어요. 바늘과 실처럼 늘 함께 하면서 제 빛이 되어주셨고요. 무엇보다 어머니는 사람이 사람을 사랑하는 것이 어떤 기적을 만들어낼 수 있는지를 보여주신 분이시죠. 세상은 결국 사랑이 움직이는 거잖아요.

●●●

그에게 물었다.
"이루고 싶은 것들이 남아 있나요?"

통일을 꿈꿉니다. 조금은 뜬금없이 들리나요? 저는 요즘 사단법인 경남통일농업협력회(경통협)의 홍보대사로 나서고 있습니다.

음악을 하면서 제가 깨달은 게 하나 있어요
그건 바로 음악에는 그 어떤 장벽도 없다는 것입니다
언어도, 사상도, 국적조차도
음악을 가로막지는 못하니까요

북한과 남한이 서로 모종을 주고받으며 키운 '통일딸기'를 세상에 내놓은 단체죠. 그분들과 함께 북녘어린이들의 배고픔을 달래줄 콩우유공장을 지원하는 운동도 벌이고 있습니다.

음악을 하면서 제가 깨달은 게 하나 있어요. 그건 바로 음악에는 그 어떤 장벽도 없다는 것입니다. 언어도, 사상도, 국적조차도 음악을 가로막지는 못하니까요. 저는 북녘의 어린이들과 장애우들이 지금보다 더 많이 행복해져야 한다고 생각해요. 만약 통일이 되어 우리 것을 좀 더 나눠 그들의 어려움을 덜어낼 수 있다면 결코 불가능한 일이 아니잖아요. 바로 그날을 꿈꾸며 제가 할 수 있는 일들을 찾아가고 싶어요. 아주 열심히요.

네 손가락의 피아니스트

이희아

그의 이야기

그의 이름 앞에는 늘 수식어가 붙는다. 네 손가락의 피아니스트, 혹은 기적의 피아니스트 같은 것들이다. 실제로 그는 네 개의 손가락과 한 개의 발가락을 가지고 태어났다. 그리고 그 네 개의 손가락으로 그는 오늘의 기적을 만들어냈다. 그러나 냉정하게 따져보면 그에게 기적은 없다. 그가 이룬 것들은 엄청난 편견과 사회의 불신 속에서 악전고투하며 싸워낸 결과물이기 때문이다. 돈을 주고 가르치는 학원에서조차 거부당했던 그다. 누가 보기에도 힘든 몸 때문이었다.

하지만 그는 이제 전세계 사람들의 마음을 사로잡는 피아니스트로 성장했다. 그의 작은 몸짓과 그가 전하는 메시지에 사람들은 국적과 인종을 넘어 감동받고 있다.

어쩌면 그가 일군 기적은 그 자신의 성취가 아니라 편견과 불신으로 그를 바라봤던 우리 자신을 바꾼데 있는지도 모른다. 피아니스트 이희아로 인해 우리는 반성했고, 변화했으며, 그 힘으로 조금은 더 좋은 사람이 되었는지 모른다.

85년생, 어느새 스물아홉의 인생을 살고 있는 이희아는 이제 또 다른 기적을 준비하고 있다. 바로 통일의 기적이다. 남과 북이 함께 어울려 손을 잡게 될 그 날을 꿈꾸며 그는 달려가고 있다. 북녘의 아이들을 위해 콩우유공장을 만드는 일에서부터 남과 북의 농부가 직접 만나 지은 통일딸기를 대중에게 알리는 일까지 그의 활동범위는 전방위다. 때로는 오해도 받고, 때로는 엄정한 남북분단의 정세 속에서 속앓이도 하지만 그는 변함없이 씩씩하게 통일을 이야기한다.

처음부터 잘해서가 아니라 잘하고 싶어서 잘하게 된 그, 결국 그만두게 될 거라는 다른 사람들의 동정어린 시선에도 아랑곳하지 않고 피아노건반에 손가락을 올렸던 그다. 수없이 반복된 연습 탓에 손가락을 더 이상 움직이는 것조차 힘들었던 순간에도 다음 건반의 위치를 두드린 그였다. 피아노앞에 앉은 순간 박수보다는 의아한 시선이 쏟아지던 무대에서도 자신이 연습한 곡을 끝까지 마치던 그였다. 노력과 땀, 그리고 담대함과 절실한 꿈이 그의 유일한 힘이었고 무기였다. 그리고 마침내 그는 동정이 아닌 한 사람의 위대한 피아니스트로 무대에 설 수 있는 오늘을 만들었다.

그래서 그가 꾸는 꿈은 왠지 절망보다는 희망에 가까워 보인다. 북한의 어린이들이 지금보다는 더 행복해질 수 있기를, 북녘의 장애우들도 우리처럼 맘껏 음악을 즐기고 문화를 나누는 이들이 될 수 있기를, 그리고 떨어져 사는 우리의 형제들이 다시 하나가 되어 살 수 있기를 바라며 그는 달려가고 있다.

열 번째 만남

암을 극복한 명의 홍영재

아버지 열심히 살다 왔다
행복하게 살다 왔다

제가 말하는 비문은 실제 비문이라기보다는 제 마음속의 비문입니다. 이런 삶을 살고 이런 사람이 되고 싶다는 인생의 지침서에 가깝습니다. 여러분도 한번 자신의 비문을 생각해보기를 권합니다. 당신이 되고 싶은 인간상, 인생 진로가 거기에 숨어 있을지도 모릅니다.

의사로서 활발한 활동을 하던 2001년 58세의 나이에 신장암과 대장암이라는 두 가지 암 진단을 받고 한때 절망하기도 했지만 희망을 잃지 않고 암을 이겨낸 의사로 유명하다. 이후 암환자로서 느꼈던 감정과 암을 이겨낸 과정, 암을 이겨낼 수 있었던 노하우 등 자신의 경험을 바탕으로 한 강의를 통해 전국에서 강의 요청을 받는 인기강사가 되었다.

인생의
마지막 순간이 와도

●

그에게 물었다.

"세상의 많은 말들 중에 왜 그런 비문을 골랐나요?"

그가 대답했다.

제게는 세 아들이 있었습니다. 세 아들 모두 잘 자라주어 항상 뿌듯했습니다. 제 인생의 보람이었고, 행복의 근원이었습니다. 그 가운데 막내아들 종화를 보는 아내와 저의 마음은 각별했습니다. 1981년 10월 24일, 병원을 신축하고 개원하는 고된 시기를 종화는 제 엄마의 뱃속에서 우리와 함께 겪었기 때문입니다. 너무 바빠 임신한 아내와 뱃속의 종화에게 신경을 많이 써주지 못한 것이 제게는 내내 마음의 빚으로 남아 있었습니다. 그런 막내아들 종화가 2011년 어느 봄날에 세상을 떠났습니다. 스물여덟의 꽃다운 나이였던 종화는 대전의 5층 건물 옥상에서 비둘기를 구하려다 실족을 하고 말았습니다.

타고난 겸혼한 성격에 마냥 착하기만 했던 아이, 조그만 생명에도 차마 눈길을 거두지 못했던 여린 아이. 타인을 사랑하고 사랑받을 줄 알았던 아이.

그 아이를 잃고 저는 한동안 정말이지 더 이상 살고 싶지 않았습니다. 암투병이라는 지옥 같은 터널을 지나며 삶과 죽음에 대해 많이도 생각했고 나름 깨달음도 얻었다고 여겼던 저였지만, 아들의 죽음이라는 일격에 주저앉을 수밖에 없었습니다. 황망하고 처절하여 숨이 쉬어지질 않았습니다.

그러나 저의 아이 종화라면 어머니와 아버지가 이렇게 슬퍼만 하고 있길 바라지는 않을 거라는 것도 잘 알고 있었습니다. 그 착한 녀석이 우리가 행복하게 살길 바라며 하늘에서 얼마나 노심초사하고 있을지…….

그래서 힘을 내어 다시 일어섰습니다. 나중에 하늘에서 그 아이를 다시 만나게 되었을 때 자랑스럽게 "종화야, 아버지 열심히 살다 왔다. 행복하게 살다 왔다"라고 말할 수 있도록.

하늘에서 보고 있을 그 아이처럼 자연을 소중히 하고 사람을 사랑하는 삶을 살고자 다짐하는 각서처럼 비문에 그렇게 남기고 싶습니다.

●●

그에게 물었다.
"언제부터 비문을 준비하셨나요?"
그가 대답했다.

저는 진즉에 유언장을 작성해두었습니다. 암이 발생한 직후 수술실로 들어가기 전에 수술이 잘못될 경우를 대비해 작성한 것이기는 하지만 잘했다는 생각이 듭니다. 유언장을 써놓았으니 만약 제가 갑자기 죽더라도 가족들에게 전할 말을 못한 채 세상을 떠날 것이라는 염려는 사라졌으니까요.

유언장을 작성하길 잘했다는 생각이 드는 또 다른 이유가 있습니다. 제 삶을 진지하게 돌아보는 계기가 되어주었기 때문입니다. 유언장을 쓰면서 저는 제가 어떤 삶을 살아왔으며 만약 행운이 따라 계속 살 수 있다면 어떻게 살아가야 할지 많이 생각했고 또 깨달았습니다.

곧 죽을 사람만 유언장을 써야 한다는 것은 편견입니다.

재산 분배를 목적으로 쓰는 것도 아닙니다. 사랑하는 사람들을 위해 쓰는 것이며 자기 자신을 위해 쓰는 것입니다.

저는 유언장을 준비해놓은 것에서 한 발 더 나아가 죽은 후 비문을 쓴다면 무엇이라고 적을 것인가 생각해 보게 되었습니다.

●●●

그에게 물었다.

"어떤 비문이 당신의 마음에 와 닿았나요?"

그가 대답했다

천상병 시인은 자신이 쓴 '귀천歸天'이란 시의 구절을 비문으로 삼았습니다.

"나 하늘로 돌아가리라. 아름다운 이 세상 소풍 끝나는 날 나 가서 아름다웠노라고 말하리라."

김수환 추기경의 비문 역시 시의 한 구절에서 따왔습니다.

"나는 아쉬울 것 없어라."

두 분 모두 참 아름다운 비문입니다.

유머 감각이 돋보이는 비문도 있습니다.

중광 스님은 "에이, 괜히 왔다 간다", 윈스턴 처칠은 "나는 창조주께 돌아갈 준비가 됐다. 창조주께서 날 만나는 고역을 치를 준비가 됐는지는 내 알 바가 아니다", 버나드 쇼는 "내 우물쭈물하다 이럴 줄 알았다", 헤밍웨이는 "일어나지 못해서 미안하네"라는 비문을 남겼습니다.

생전에 직접 자신의 비문을 이렇게 해달라고 남겨둔 사람도 있고, 그렇지 않은 사람도 있을 것입니다.

어쨌든 신기하게도 비문만 보아도 그 사람의 성격이나 삶의 모습이 드러나는 것 같습니다. 제가 비문을 미리 생각하는 것도 비문이 한 사람의 인생을 표현해주기 때문입니다.

제가 어떤 비문이 새겨지길 원하는지 결정하면 스스로 비문에 어울리는 삶을 살게 될 힘을 얻을 수 있을 것 같습니다.

가령 “잘 놀다 간다”는 비문을 새기리라 마음먹으면 정말 하루하루 노는 듯이 삶을 꾸려 나가려고 노력하게 되지 않을까요?

노자奴子의 말도 비문으로 좋을 것 같습니다.

“우리가 무언가를 찾으려 할 때 찾아지지 않는 까닭은 그게 이미 내 손 안에 있기 때문이다.”

행복이 멀리 있지 않고 가까운 곳에 있다는 말을 생각나게 해줍니다.

소박한 비문도 괜찮을 것 같습니다. 외국의 경우 “누구누구의 엄마이자 사랑받은 누구의 아내 아무개 여기 잠들다”하는 식의 소박한 비문도 많습니다. 가족을 사랑하고 사랑받았다는 증거이니 그 인생은 평범하지만 행복했을 것입니다.

밝혀두지만 제가 정말 비문을 새길 생각을 가진 것은 아닙니다. 제가 유명인도 아니고, 비문을 세울 만큼 커다란 업적을 남긴 사람도 아니기 때문입니다.

제가 말하는 비문은 실제 비문이라기보다는 제 마음속의 비문입니다. 이런 삶을 살고 이런 사람이 되고 싶다는 인생의 지침서에 가깝습니다. 여러분도 한번 자신의 비문을 생각해보기를 권합니다. 당신이 되고 싶은 인간상, 인생 진로가 거기에 숨어 있을지도 모릅니다.

암을 극복한 명의 홍영재 그의 이야기

그는 의사로서 활발한 활동을 하던 2001년 58세의 나이에 신장암과 대장암이라는 두 가지 암 진단을 받고 한때 절망하기도 했지만 희망을 잃지 않고 암을 이겨낸 의사로 유명하다. 이후 암환자로서 느꼈던 감정과 암을 이겨낸 과정, 암을 이겨낼 수 있었던 노하우 등 자신의 경험을 바탕으로 한 진실한 강의로 전국에서 강의 요청이 끊이질 않는 인기강사가 되었다.

몇 년간 암과 장수시대의 건강이란 주제로 강의를 해오던 중 많은 사람들이 장수시대를 행복하게 살기 위한 준비가 미흡함을 알고 다수의 저서를 통해 대중과 그 지식을 공유하고 있다.

우리를 건강하고 행복하게 하는 것은 무엇인가? 장수시대를 어떻게 맞이하고 살아가야 행복해질 수 있는가? 마음과 정신, 육체의 건강은 어디서부터 시작되는가?

이 모든 질문의 해답이 젊은 생각에 있다고 그는 말한다. 장수시대의 행복 키워드, 젊은 생각을 일깨우는 일상의 방법들을 그는 그의 저서들을 통해 진솔하게 보여주고 있다.

그는 연세대학교 의과대학 의학과 및 동대학원을 졸업했다. 연세대학교 세브란스병원 산부인과 과정(산부인과 전문의)를 마치고 차병원 산부인과 과장, 건국대학교부속 민중병원 산부인과 과장 등을 역임했다. 현 홍영재산부인과 원장이며, 연세대학교의과대학총동창회 회장이다.

SBS 〈좋은아침〉, KBS 〈아침마당〉, 〈강연100℃〉, 〈생로병사의 비밀〉, MBC 〈기분 좋은 날〉, 〈닥터스〉 등 다수의 방송에 출연했으며, 저서로는 〈암을 넘어 100세까지〉, 〈청국장 100세 건강법〉, 〈닛다 임신법〉, 〈젊은 생각〉등 다수가 있다.

Ⅲ. 바람처럼 그렇게…

열한 번째 만남

행복 주치의, 갑상선암 명의 박정수

사람 일생 금방이네

우리 인생에서 가장 소중한 것이 무엇인지를 물었던 톨스토이는 곁에 있는 사람을 행복하는 만드는 것을 답으로 들었습니다. 톨스토이의 말을 인생지침으로 여겨온 저 역시 곁에 있는 사람을 행복하게 만드는 것이 결국은 저 자신을 행복하게 만드는 일이 된다는 것을 알게됐습니다.

박정수 교수는 국내 최고 갑상선암 전문의로 평가받으며 연세대학교 강남세브란스병원 갑상선암센터 외과 교수로 재직중이다. 그는 1980년부터 갑상선암 치료와 연구에 매진하고 있다. 대한갑상선학회 초대 회장을 역임할 정도로 갑상선암 분야에서 대한민국 최고로 손꼽히는 그는 늘 환자에게 자상한 아버지 또는 친구의 역할을 자청하고 있다.

삶의 소중함을 느낄 수 있도록

●

그에게 물었다.

"세상의 많은 말들 중에 왜 그런 비문을 골랐나요?"

그가 대답했다.

"사람 일생 금방이네"라는 말은 제가 요즘 자주 느끼는 바입니다. '내가 어느 틈에 이 나이가 되었나' 하고 생각하는 때가 많아졌습니다. 나름대로 열심히 살았다고 하지만 별로 한 것 없이 어영부영 종착역 가까이에 오게 되었으니 말입니다. 또한 게으른 사람에게는 경고의 말도 되겠지요.

최소한 하루하루의 삶이 소중하다는 걸 다시 느낄 수 있을 것입니다.

과거 이 세상을 살았던 유명인의 비문은 어떤 것이 있을까 찾아보니 그중 마음에 와 닿는 문구가 몇가지 있었습니다.

중광 스님의 "괜히 왔다 간다"는 문구나 천상병 시인의 "나 하늘로 돌아가리라. 이 세상 소풍 끝나는 날, 거기서 아름다웠다고 하리라"같은 문구는 너무나 유명해서 잘들 아실 거라고 생각됩니다.

조병화 시인의 "어머님 심부름으로 이 세상에 나왔다가 이제 어머님 심부름 다 끝내고 어머님께 돌아 왔습니다"라는 비문은 매우 낭만적이지만 저의 삶과는 어울리지 않는다는 생각이 들었습니다. 오히려 니체의 "삶을 지루해 하기에는 지나치게 짧다"나 버나드 쇼의 "내 우물쭈물 하다가 이럴 줄 알았다"의 비문이 오히려 저의 삶과 맞는 듯합니다. 2002년 타계한 영국의 유명 코미디언인 미리언의 "내가 몸이 아프다고 그랬잖아(I told you I was sick)"와 같은 해학과 유머가 있는 문구도 좋겠지요.

저는 비문으로 몇가지 문구를 떠올렸습니다.

"나는 행복 하였노라."

진짜 저의 일생이 행복했는지 되돌아보게 되었지만 뭔가 낯간지러운 느낌이 들었습니다.

"열심히 살았노라."

일 중독일 정도였으니 맞는 말이지만 저 자신이 전적으로 수긍하기는 어려웠습니다.

"세상의 모든 것을 사랑하였노라."

좋은 말이지만 사람으로 태어나 세상의 모든 것을 다 사랑한다는 것은 거의 불가능에 가까운 일이겠지요. 그때 "사람 일생 금방이네"라는 문구가 떠올랐습니다. 저의 삶과 맞았으며 너무 낯간지럽게 꾸밈이 많지도 않고, 있는 그대로의 저 자신을 보여주는 문구라는 생각이 들었습니다.

●●

그에게 물었다.

"당신이 삶의 지침으로 여기는 말은 어떤 말인가요?"

그가 대답했다.

"용서한다. 사랑한다. 감사했다"라는 말입니다. 멋진 말이기에 비문에 남기고 싶지만 문구만 멋지다고 저의 삶이 달라지는 것은 아니겠지요. 그래도 인생의 지침으로 삼고 싶은 말입니다. 그러나 저 세가지를 모두 지키는 것은 결코 쉽지 않은 일입니다.

"용서한다."

예수는 자기 손발에 못질을 하는 로마군들을 보고 "주여

저들을 용서 하소서. 저들은 자기가 하는 짓이 무슨 짓인지 모르나이다"라고 했습니다. 그러나 제 삶을 돌이켜 보면 용서하는 삶이 얼마나 힘든 것인지를 깨닫게 됩니다. 실례로 며칠전 외래에서 몇 년 동안 다니면서 치료를 잘 받고 갑상선 기능항진증 증세가 호전된 50대 남자환자가 진료실에 들어오자마자 오래 기다리게 했다며 마구 화를 냈습니다. 이방 저방 정신없이 환자를 돌보느라 바빴던 저도 참지 못하고 "그래서 어떡하라고요? 눈코 뜰 새 없이 바쁜 것 안 보여요?"라고 받아치고 말았습니다. 그날 처음 온 환자라면 모를까 몇 년씩 다닌 환자가 그러니 배신감이 확 느껴졌기 때문입니다.

또 몇 년 전에 수술 받았던 20대 후반 청년이 중앙경부 림프절 재발이 되어 찾아 왔습니다. 안심시켜 주려고 "재발 크기가 작으니 재수술이 급하지 않습니다. 경과 봐가면서 수술을 결정 합시다"라고 했더니 대뜸 저번 수술이 잘못되어 이렇지 않느냐고 자못 시비조로 말을 걸어 오는 것입니다. 재발이 되었다니 좋지 않은 기분이겠지만 저는 예의 없이 말하는 젊은이를 용서 할 수 없어 "그런식으로 말씀하시면 안 되지요. 암이니까 충분히 재발할 수 있는 겁니다"고 말하고 말았습니다.

결과가 좋지 않아 항의하는 마음도 사랑으로 받아줘야 하지만 그렇지 못할 때가 더 많습니다. 진정 사랑한다는 것은 조건 없이 모든 것이 용서가 되어야 할 테지만 그것이 정말 어렵습니다

그러나 곧 후회가 밀려왔습니다. 한 발짝 물러서서 환자의 입장이 되어 보면 이해 못할 바도 아닌데 화를 참지 못했기 때문입니다. 그러니 용서하자 하면서도 그러한 삶이 참 어렵다는 것을 깨닫게 됩니다.

"사랑한다."

저 자신을 포함해 가족, 제자, 직장동료, 그리고 환자들을 진정 사랑했는지. 돌이켜 보면 당당하게 그랬노라고 말할 자신이 없습니다. 저 자신은 참 자애롭고 사랑을 아주 많이 주고 있다고 생각하지만 받는 쪽 입장은 그렇지 않을 수 있기 때문입니다.

아들 둘과 며느리들을 사랑하지만 자식들로부터 별 반응이 없거나 소홀함이 느껴지면 서운한 마음이 듭니다. 취직이 어려운 제자를 위한 자리를 마련했는데 인사도 없이 자리를 뜰 때면 서운함을 넘어 괘씸한 마음이 들기도 합니다. 동료나 환자들도 마찬가지입니다. 결과가 좋지 않아 항의하는 마음도 사랑으로 받아줘야 하지만 그렇지 못할 때가 더 많습니다. 진정 사랑한다는 것은 조건 없이 모든 것이 용서가 되어야 할 테지만 그것이 정말 어렵습니다.

"감사했다."

이 말은 대체로 맞는 것 같습니다. 저는 많은 것에 감사하며 살고 있다고 생각합니다. 사랑하는 가족과 함께 해온 일생을, 특히 사랑하는 아내와의 소박한 일생이 참 고맙습니다. 두 아들이, 건강하고 예쁜 며느리들과 손녀딸이 저의 가족이라는 것도 고맙습니다.

가난한 집안 출신으로 연세대학교의과대학을 나와 평생 의사로서, 교수로서 일하게 된 것도 고맙습니다. 갑상선암을 공부하여 이 암을 앓고 있는 환자들을 위해 일하게 된 것도 정말 고맙습니다. 동료들이, 그리고 환자들이 저를 찾고 아껴주는 것도 고맙습니다. 대한민국 산하에서 자연을 느끼며 살게 된 것도 고맙습니다. 무엇 하나 고맙지 않은 것이 없습니다. "용서한다. 사랑한다. 감사했다"라는 말은 수양이 덜된 저에게는 과분한 말이지만 삶의 지침으로 삼고 싶은 말입니다.

톨스토이의 세가지 중요한 질문이란 것이 있습니다.

Q1. 우리 인생에서 가장 중요한 때는?

- 바로 지금

Q2. 그럼 우리 인생에서 가장 중요한 사람은?

- 바로 지금 곁에 있는 사람

Q3. 그럼 우리 인생에서 가장 중요한 것은?

- 지금 곁에 있는 사람을 행복하게 만드는 것

저는 평생을 살아오면서 톨스토이의 말을 인생 지침으로 삼고 살아 온 것 같습니다. 특히 세 번째 답이 그렇습니다. 곁에 있는 사람을 행복하게 만드는 것은 결국 저 자신을 행복하게 만드는 일이라는 걸 터득했기 때문입니다. 아내가 행복하면 저도 행복합니다. 가족이 행복하면 저도 행복해 집니다. 환자가 행복하면 저도 행복해 집니다. 그렇지만 제가 행복하게 해준다고 한 것이 상대에게는 오히려 부담을 준 것은 아닌지 생각해 보게 됩니다. 결국은 저 자신의 행복을 위한 이기적인 생각이었을지도 모르겠습니다. 그래도 톨스토이의 이 세가지가 저에게는 완벽하지는 않지만 인생 지침으로 삼기에는 손색없는 문구입니다.

행복 주치의, 갑상선암 명의 박정수 그의 이야기

"하느님이 사람들 모두에게 하나의 암을 가지라고 말한다면 나는 갑상선암을 달라고 할 것이다" 갑상선암의 대부 강남세브란스 병원 갑상선센터 박정수 교수는 가장 진행이 느리고, 조기 진단과 치료로 평생을 건강하게 지낼 수 있는 갑상선 암 전문의임이 행복하다고 말한다. 갑상선암을 '거북이암'으로 명명한 박정수 교수.

그는 갑상선암이 거북이와 같다고 말한다. 첫째, 거북이는 장수의 상징으로 오래 산다. 둘째, 거북이는 느리게 움직이고 갑상선암도 느리게 진행한다. 셋째, 거북등의 무늬는 갑상선 여포 모양과 비슷하다. 그래서 갑상선 암의 상징 동물로 거북이를 비유했다. 그의 이런 표현은 갑상선 암 환자들에게 희망을 주는 메시지이기도 하다.

그는 불모지로 여겨졌던 내분비외과, 두경부외과 영역을 발전시킨 의사로 유명하다. 국내 최다 갑상선암 수술실적을 갖고 있는 그는 탁월한 연구실적과 후학양성을 통해 국내 갑상선학 분야를 세계적인 수준으로 발전시킨 장본인이다.

우리나라 특성상 환자와의 진료 시간이 짧은 게 현실이지만 그럼에도 불구하고 그는 환자들과 눈높이를 마주하며 이야기하기 때문에 환자 만족도가 높은 의사로 불린다. 짧은 시간이지만 의사의 진심어린 마음이 환자에게 전해지기 때문이다. 그의 말에는 가식이 없다. 소탈하고 진실 되게 말한다. 그 말 속에는 환자에게 주는 희망의 메시지가 담겨 있다. 그래서 환자들은 외래를 다시 찾게 되는 3~6개월이 지루하거나 크게 두렵지 않다. 진정으로 나의 건강을 챙겨주는 주치의, 어제 만난 동네 의사처럼 친숙하게 느껴지기 때문이다.

그는 환자가 검사를 하고서 진단이 내려지기까지의 그 초조하고 힘든 시간을 잘 알고 있다. 그래서 최대한 그 시간을 줄이기 위해 노력한다. 1주일 정도 소요되는 혈액, CT, PET-CT의 검사 결과를 점진적으로 줄여 '1일 검사체제'로 만들어가겠다는 의지다.

그의 시선은 언제나 환자를 향해 있다. 그래서 그의 환자들은 그를 따라다닌다. 실력을 믿을 수 있고, 희망을 품을 수 있기 때문에 환자들은 그를 신뢰한다. 그런 환자들이 전국에서 몰려든다. 그의 하루 진료 환자는 130~140명을 훌쩍 넘는다. 담당 간호사는 점심도 제대로 챙겨 먹을 시간이 없다고 불평하지만, 그래도 그는 자신을 필요로 하는 이들이 있어 행복하다고 말한다. 그는 희망전도사이다. 그의 희망 바이러스는 계속 퍼지고 있다.

박정수 · 행복주치의, 갑상선암 명의

열두 번째 만남

진실된 미소를 주는 치과의사 신경민

일도 사랑도, 기쁨도 슬픔도, 즐거움도
괴로움도 최선을 다했던 사람

나이가 들면 자신이 삶의 주인공인 것처럼 주위 사람들도 그들이 주인공임을 절로 인정하게 됩니다. 이제는 서로 따뜻한 말 한마디로 다독거려 주고, 포근한 포옹으로 용기를 북돋아 주면서 더 깊은 나이에 들고 싶습니다. 이렇게 살다보면 20년쯤 후 비문에는 이렇게 쓰여 있지 않을까 생각을 해보았습니다.

변치 않는 모나리자의 미소를 간직하고자 노력하며 살고 있는 모나리자치과 신경민 원장. 그는 치의학의 발전을 위해, 환자의 치아 건강을 위해 고군분투해왔다. 그는 늘 환자들에게 환한 미소를 주는 것이 최고의 보람이라고 말한다.

더불어 살며
나이테를 그려가다

●

그에게 물었다.

"세상의 많은 말들 중에 왜 그런 비문을 골랐나요?"

그가 대답했다.

지난해 가을, 보스턴에서 학업중인 둘째 딸이 잘 있는지도 볼 겸, 임플란트 치과학회에 무리해서 참가하게 되었습니다. 저는 한 지역의 치과의사로 20여년을 열심히 살아왔습니다. 환자를 돌봐야 하는 의사이기에, 일주일 동안 하던 일을 중단하고 어딘가로 떠난다는 것이 쉽게 내릴 수 있는 결정은 아니었습니다. 쉽게 떠나지 못하는 이유가 한두 가지가 아니었습니다.

그러다 갑자기 '내가 없으면 뒷마무리는 누가 어떻게 감당할 수 있을까. 이래서야 쉬기는 커녕 마음 놓고 죽지도 못하겠구나' 라는 생각이 들었습니다. 하지만 '딸이 보고 싶을 때 내가 하는 일 때문에 보러 가지 못한다면 과연 내 삶이 성공적인 것이라고 할 수 있을까?' 라고 자문자답해 보고는 '가자!' 는 결정에 미국 행 비행기를 탔습니다.

미국에 있는 일주일 동안 낮에는 보스턴 대학 학회에 참가하고 저녁과 새벽에는 보통의 엄마라면 언제나 할 수 있었던 딸 끼니 챙겨주기, 딸 옷가지 정리해주기 등등을 하며 평소 일 때문에 부족했던 엄마 역할을 마음껏 해주었습니다. 진정 제가 꼭 해보고 싶었던 일이라 그런지 너무나 행복한 일주일이었습니다. 미국까지 가서 밥하고 설거지 하면서 행복했다면 어폐가 있을지 모르겠지만, 딸과의 시간이 마냥 행복했습니다.

학회가 끝나던 날 보스턴 근교의 꽤나 잘 사는 동네라는 곳으로 관광을 가게 되었습니다. 대도시와는 다르게 마치 중세 유럽에 온 듯 조용하고 푸근한 지역에 궁전 같은 대저택들이 모여 있는 곳이었습니다. 지금은 그 대저택을 관리할 만한 인력이 안 되어 관광 명소로 활용한다고 하는데, 정작 저의 관심을 끈 곳은 그네들의 묘지였습니다. 대서양이 보이는 곳에서 기념사진을 촬영하다 보니 제가 밟고 있는 곳이 심상치 않았습니다. 보도블록마다 글이 새겨져 있는데, 망자들에 대한 기록이었습니다.

그 중 한 묘석을 보니, 저와 태어난 연도가 같아 눈길이 머물렀습니다. 그 분은 한 해전에 세상을 하직하였다고 기록되어있었고, '주위를 밝고 행복하고 즐겁게 해주었던' 이란 비문이 이름 앞에 새겨져 있었습니다.

그때 생각해 보았습니다. '나는 53년 살아오는 동안 어떤 형용사가 붙는 사람일까? 자신에게 맡겨진 일에 도전의식으로 더 잘하고자 열심이었던 이라거나 잠자는 시간까지도 촌각을 아끼며 일 하였던이라고 하지 않을까?' 하며 제 비문도 생각해보는 시간이었습니다.

●●

그에게 물었다.

"인생의 휴지기란? 또 휴식을 통해 얻은 것이 있다면?"

그가 대답했다.

십여 년 전 첫째 딸과 함께 지방에 볼일이 있어서 고속도로를 달리고 있었습니다. 차가 달리는데 이상이 있다는 느낌에 연료를 가득 채워 넣었건만 얼마 가지 않아 고속도로에서 차가 주저앉고 말았습니다. 다행히 갓길에 세워놓을 수 있었기에 견인을 요청하고는 딸과 둘이 차 안에 우두커니

앉아있었습니다. 정해진 약속시간에 가지 못하게 되어 난감하였지만 그냥 견인되기를 기다리는 것 외에는 어떠한 묘책도 소용없는 상황이었습니다.

옆을 보니 다른 차들은 고속도로를 질주하고 있었습니다. '다들 잘도 달리는데 내차만 꼼짝 못하고 있구나. 왜 내차만 못 달리나?' 라며 한탄을 해도 해결법이 없었습니다.

저는 그때 생각을 바꿔보자고 마음먹었습니다. 그러자 수려한 풍광이 마침 얻은 귀중한 시간 속에 들어와 있었습니다. 차에서 좋은 음악도 들려왔습니다. 딸과 그간 편하게 못한 이야기를 나눌 수 있는 소중한 시간도 얻을 수 있었습니다.

인생을 살면서 그와 같은 일이 몇 번 있었습니다. 내 힘으로는 어떻게 변화시킬 수 없는, 아무리 노력하고 열심히 잘 해보려고 해도 진척이 없는 상황이었습니다. 생각해보면 이럴 때가 오히려 나를 돌아볼 수 있는 시간이었습니다. '그래, 지금 나의 기운이 제일 바닥에 와 있는 것임에 분명하다. 그렇다면 이제 위로 올라갈 일 밖에 없다. 사람의 기운은 성했다가 쇠하고, 쇠하다가 성하기 마련인 법, 따라서 나락의 순간이라 여겨지는 지금이 다 내려놓고 머리를 비워야 하는 시간이다.

다시금 에너지가 충전되어 고속도로를 씽 하니 달릴 수 있는 힘이 생길 때까지는 가족을 찾아 벗을 찾아 기다림의 시간을 갖자.'

이렇게 마음을 다독이며 그 동안 하고 싶었지만 미루었던 산에도 올라갔습니다. 몸을 움직이다 보니 자연스럽게 마음까지 치유되는 것을 느꼈습니다.

휴지기에 들어섰다 느끼면 최선을 다해 휴식을 하여야 합니다. 사람간의 관계는 일과는 다르다고 생각합니다. 제게 일은 늘 최선을 요구하기에 한 시간의 휴식도 일의 부진을 의미했습니다. 그러나 사람은 인내하고 기다려 준다는 것을 알았습니다. 가족은 기꺼이 내 곁에 있어주고 기다려 줍니다. 이런 시간들이 가족의 소중함을, 또 주위를 둘러보게 해주는 귀한 시간이었습니다.

가족의 근간은 사랑이라고 생각합니다. 하지만 그 가족이 언제든지 나를 전적으로 사랑하여 준다는 믿음이 없다면 사상누각일 수밖에 없습니다. 사랑을 토대로 하여 지은 가족은 그 위에 믿음이라는 기둥으로 유지되어야 합니다. 그러기에 가족 간의 초기 열렬한 사랑이 점점 약해지더라도 그만큼 은근한 믿음이 대신 쌓여나가는 것이고, 그럼으로써 가족은 다 같이 편안하고 행복한 소망에 한걸음 다가가게 된다고 생각합니다.

●●●

그에게 물었다. "비문에 '최선을 다했던' 이라고 남기고 싶어 했는데, 되돌려 본 젊은시절은 어떠했나요?"

그가 대답했다.

돌이켜보니, 저는 24세에 서울대학교를 졸업한 후 미국 유학의 기회를 포기하고, 결혼을 선택하였습니다.

국내 굴지의 광고회사와 주한 말련 대사관에서 4년간 직장생활을 한 다음, 다시 28세에 늦깎이로 치과대학에 입학하였습니다. 그사이 어머니를 여의고 대신 두 딸의 엄마가 되어있던 제가 치과대학생이라는 3가지 역할을 하기 시작했습니다.

낮에는 대사관에서 근무하고 저녁에는 돌아가신 어머니가 운영하셨던 포목점에서 장사를 했습니다. 한편 살림과 육아를 하느라 2년간 휴학도 하였지만, 결국 주경야독으로 학업을 계속하여 치의예과를 수석으로 수료할 수 있었습니다. 35세에 치과의사가 된 후, 낮에는 병원에서 진료를 하고, 밤에는 임상 결과를 정리하여 국·내외 학회에서 강연을 하느라 한시도 쉼 없는 시간을 보내왔습니다. 치의학 박사과정 중에 논문 실험을 하고 논문 작성을 하는 3년여 동안 한번도 백화점 앞을 가본 적이 없을 정도였습니다.

지금껏 살아오면서 항상 세 가지 역할을 해왔지만 그 중 어느 하나도 대충 한다는 이야기를 듣고 싶지 않았습니다. 잠자는 시간은 하루 네 시간이면 충분하였고, 매일 새벽 3시경 눈을 뜬 이후 세, 네 시간 동안은 누구에게도 빼앗기지 않는 저만의 시간을 가질 수 있었습니다. 그 시간에 늘 저를 돌아보고 향후 미래를 꿈꾸면서 스스로를 북돋는 시간을 가졌기에 모든 것이 가능하였다 생각합니다.

가끔은 '내 현실이 슬프고 힘들다' 라는 생각이 들 때도 있었습니다. 그럴 때는 '지금 나는 연극에서 내 역할을 맡은 배우이다. 그러니까 최선을 다해서 이 역할을 잘해내야 한다' 고 다짐하곤 했습니다. 제가 다른 사람이 되어 본다는 것은 참 귀한 경험입니다. 인생은 가까이서 보면 비극이지만 멀리서 보면 희극이라고 채플린이 말한 것처럼, 제 자신이 배우가 되었다 생각하니까 그다지 힘들다는 생각 없이 최선을 다 해낼 수 있었습니다.

나이가 들면 자신이 삶의 주인공인 것처럼 주위 사람들도 그들이 주인공임을 절로 인정하게 됩니다. 그래서 서로 따뜻한 말 한마디로 다독거려 주고, 포근한 포옹으로 용기를 북돋아 주는 것이 얼마나 큰 힘이 되는지 알게 되었습니다. 그러다 보면 훗날 내 비문에는 이렇게 쓰여 있지 않을까합니다. 아니 이렇게 쓰여 지기를 바랍니다.

'일도 사랑도, 기쁨도 슬픔도, 즐거움도 괴로움도 최선을 다했던' 사람이라고.

진실된 미소를 주는 치과의사

신경민

그의 이야기

서울대학교 미생물학과를 졸업한 후에 그는 의사로서 봉사하는 삶을 살겠다는 목표로 서울대학교 치과대학을 다시 졸업했다. 그리고 선두적인 경영논리를 앞세운 예치과 병원에서 수련을 거쳐, 본인의 브랜드 '모나리자치과'를 열었다.

치과 이름을 모나리자 (어미母 아름다울娜, 이로울利, 아들子)로 한 것도 어머니가 아름다우면 자녀에게 이로운 것처럼, 여성이 건강하고 행복해야 이 사회가 안정되고 발전한다는 신념에서이다. 또한 비뚤거리고 못생긴 치아 때문에 잘 웃지 못하는 사람들에게 모나리자와 같은 아름다운 미소를 선물하고 싶다는 진료이념도 내포되어 있다. 단순한 치아 치료만 하는 의사가 되기보다는 마음의 치료까지도 하는 의사가 되고자 한다. 그래서인지 치료 도중에도 수시로 "건강한 치아로 활짝 웃으면 젊은 얼굴이 된다"고 환자들에게 강조하고 있다. 20여 년 전 치과분야에서 성형에 해당하는 심미치과치료를 비교적 먼저 도입하여 국내외 치과학술대회에서 강연을 하고, 신문지상과 TV 교양프로그램에 출연하며 그의 이름은 치과내외에 알려지기 시작하였다. 그러다보니 유명 치과의사가 되어 전국에서 많은 환자들이 그를 찾았고 그들과 상담하며 많은 환자들이 단순한 치과치료에서 벗어나 삶의 개선을 원한다는 사실도 깨닫게 되었다.

신경민 원장은 10여 년 전부터 매년 5월이면 모나리자치과를 개방하여, 돈이 없어서 고가의 치과 치료를 받지 못하는 차상위계층에게 치아 성형이나 임플란트 치료를 무료로 봉사하고 있다. 그는 자신이 치료를 해드린 사람들 역시 스스로가 주인공인 삶에서 용기 내어 살 수 있다면, 그래서 그분 주위의 다른 사람들에게도 진실 된 미소를 전파해 줄 수 있다면, 점점 더 우리 사회가 밝고 건강해진다고 믿고 있다. 그가 한몽 장학회와 한부모 가정사랑회 이사로 활동 중인 것도 이런 신념과 무관하지 않다.

현 가톨릭 의과대학 외래교수인 신경민 원장은 서울대 치대에서 석·박사를 취득했으며 서울시여자치과의사회 국제담당이사, 대한치과의사회 여성분과위원, KBS 연기자노동조합 자문위원 등을 역임했다. KBS, SBS, MBN 경기방송 등 매스컴을 통해 치아건강을 알기 쉽게 설명, 큰 호응을 얻었다. 저서로 일과 사랑에 성공하는 미소법을 담은 '성공하는 여성, 미소부터 다르다'가 있다.

배워가는 도량, 쉬어가는 도량,
자유로운 도량을 꿈꾸었던 스님

열세 번째 만남

유상과 무상의 조화 우관스님

배워가는 도량, 쉬어가는 도량,

자유로운 도량을 꿈꾸었던 스님

생과 사는 거듭나는 것입니다. 가는 곳을 알면 죽음이 두렵지 않고, 죽음을 두려워하지 않아야 삶이 평안할 수 있습니다. 종교와 종파, 인종을 초월해 함께 사상을 공유하고 삶을 논할 수 있었으면 합니다.

우관스님은 대한불교조계종 감은사 주지와 마하연사찰음식문화원 원장을 맡고 있으며, 동국대학교와 종단 사찰음식 교육관 국제선센터에서 사찰음식 정기 강좌를 하고 있다. 또 불교TV 진미령의 '맛있는 절밥' 에 정기 출연중이다. 또, 최근 '우관스님의 손맛 깃든 사찰음식' 을 출간했다.

삶은
꿈꾸는 찰나

●

그에게 물었다.
"세상의 많은 말들 중에 왜 그런 비문을 골랐나요?"
그가 대답했다.

감은사에 찾아오는 사람들은 저나 감은사를 매개체로 무엇이든지 한 가지를 배워가고 그 배움을 통해서 인간이 가지고 있는 탐진치가 조금이라도 쉬어지길, 그 쉬어짐을 통해 몸과 영혼이 자유로워지길 항상 바랬어요. 감은사라는 도량을 맡고, 주지로 살면서 사람들을 만나보니 현실적으로 힘들어서 쉬기 위해 절에 오는 사람들이 많았습니다.

그런데 그 사람들에게 조차 절에서 뭘 해라, 계획대로 움직여라 하는 주문을 하면 그 사람들이 더한 스트레스를 받습니다. 그래서 저는 그냥 그 사람들의 말을 들어줄 뿐 다른 것은 요구하지 않아요.

삶은 꿈을 꾸는 찰나입니다. 그 꿈같은 짧지만 귀한 시간을 부질없이 보내면서 근본을 잊어버리고 감정 노름만 하고 사는 것이 인간입니다. 이 모든 것은 허상이죠. 중생세계는 이것을 벗어나지 못합니다. 허상만 쫓다보니 세상이 각박할 수밖에 없습니다. 허상이기 때문에 크게 울 일도, 크게 즐거워 할 일도 없습니다. 그래서 사랑하는 사람도, 미워하는 사람조차도 관여되지 않는 마음을 가져야 합니다. 감정 노름에 빠져서 그 감정만 쫓아다니다보면 인생이 다 가고 말죠. 세상은 '나' 만 생각하다 보면 부딪히게 되어 있습니다. 이런 부조화는 사람과 사람 사이에만 생기는 것이 아니라 국가와 국가 간에도 생기고 전쟁을 일으키기도 합니다. 자기가 자기 스스로를 다스릴 줄 알아야 합니다. 스스로 자신과의 조화, 남과의 조화, 이웃과의 조화를 이루다보면 아름다운 세상이 시작될 것입니다.

함께 일하고, 함께 수행하고, 함께 죽음을 공부할 수 있는 곳. 즉 모두가 함께 할 수 있는 '수행공동체'를 만드는 것이 꿈이자 목표입니다

●●

다시 그에게 물었다.

"스님이 꿈꾸는 세상은 무엇인가요?"

'유상과 무상의 조화'가 제가 바로 꿈꾸는 세상입니다. 유상과 무상의 조화는 물질과 정신의 조화, 나와 나 아닌 다른 생명과의 조화 뿐 아니라 삼라만상과 드러나지 않은 근본과의 조화로운 세상을 말합니다. 함께 일하고, 함께 수행하고, 함께 죽음을 공부할 수 있는 곳. 즉 모두가 함께 할 수 있는 '수행공동체'를 만드는 것이 저의 꿈이자 목표입니다.

점점 수명은 늘어나서 60세에도 새로운 일을 찾아서 할 수 있는 시대가 되었습니다. 기존의 양로원이나 실버타운이 은퇴한 노인들이 수동적으로 편안하게 여생을 마치도록 하였다면 수행공동체는 능동적으로 죽음에 대처하고 죽음까지도 수행의 한 과정으로 받아들이도록 공부하는 것이죠. 그러면서 공동경작이나 텃밭 가꾸기를 통해 오염되지 않은 신선한 먹을거리를 적절한 노동을 통해 얻게 합니다.

생과 사는 거듭나는 것입니다. 가는 곳을 알면 죽음이 두렵지 않고, 죽음을 두려워하지 않아야 삶이 평안할 수 있습니다.

누군가에게 건강한 먹을거리를 제공하고 그 사람의 해맑은 웃음 속에서 제가 꿈꾸는 조화로운 세상이 빨리 오길 바래봅니다

종교와 종파, 인종을 초월해 함께 사상을 공유하고 삶을 논할 수 있었으면 합니다. 노인문제는 우리에게 당면한 큰 문제 중 하나입니다. 이 문제를 해결할 대안 중 하나가 수행이 바탕이 되는 누구나 함께하는 공동체인 것이죠. 그러고 보면 마하연은 많은 사람들이 모이는 인연의 장(場)으로 제가 만들고자 하는 수행공동체의 대문 역할을 하고 있는 것 같네요. 누군가에게 건강한 먹을거리를 제공하고 그 사람의 해맑은 웃음 속에서 제가 꿈꾸는 조화로운 세상이 빨리 오길 바래봅니다.

유상과 무상의 조화
우관스님
그의 이야기

그가 불교에 마음의 문을 연 것은 고등학교 1학년 때 읽은 책의 영향이 컸다. 독실한 기독교 집안이던 그에게 새로운 세상과 접하게 한 것은 친구가 선물한 청담 스님이 쓰신 '마음'이라는 책이었다. '네가 네 마음의 주인'이라는 책의 내용은 어린 마음에 큰 파문을 일으켰고 자신을 되돌아보게 만들었다. 그 뒤부터 스님들이 쓴 책을 사서보고 불교에 대한 관심을 가지게 되었다.

그는 '법구경'에 나오는 '무엇을 웃고 무엇을 기뻐하랴. 세상은 쉼 없이 불타고 있는데 너희들은 어둠에 덮여 있다. 어찌하여 등불을 찾지 않느냐.'는 경구에 도를 구하는 것에 모든 것을 걸고자 출가에 뜻을 두게 되었다. 그리하여 집안의 반대를 무릅쓰고 24세에 출가를 하게 된다.

수원 봉녕사 승가대학을 졸업 후, 연구생과정 1기를 마치고도 배움의 열정은 식지 않았다. 34세. 늦은 나이에 수행을 위한 인도유학을 감행한다. 델리대 대학원에서 석사를 받고 박사과정을 밟는 배움 못지않게 6년 동안의 인도경험이 큰 변화를 가져다주었다. 어느 순간부터 생긴 사소한 문제는 일반사람이 보기에는 별거 아니라고 여기며 지날 수도 있지만 수행자의 마음을 항상 지니고 있었던 그는 쉽게 넘기지 않았다. 곰곰이 돌이켜본 결과 문제를 해결하기 위해서는 수행자 본연의 모습으로 돌아가야겠다고 결심했다. 결정한 순간, 출가할 때도 그랬듯이 뒤도 돌아보지 않고 인도의 생활과 박사과정 등 모든 것을 놓아버리고 히말라야로 떠났다. 히말라야의 태곳적 신비와 기운을 가슴에 담고 다시 미얀마에서 수행을 감행한다. 그는 그렇게 수행하며 세상 이치에 대한 목마름을 해소했다.

그리고 한국으로 돌아와서는 경기도 화성의 자재정사 양로원에서 할머니와 노스님들을 위해 원주소임을 자청하며 2년을 보냈다. 그 후 경북 영양의 연화사에서 3년을 목표로 수행길에 들어갔지만 90세가 넘으신 은사스님의 간곡한 부탁으로 2007년 이천의 '감은사' 주지소임을 맡게 됐다. 감은사는 서이천IC 근처 도드람산을 마주보는 아담한 절이다. 높지는 않지만 병풍처럼 둘러싼 산세에다 올라가는 길이 조선소나무 향기로 가득한 멋진 절이다.

감은사 텃밭에는 상추, 아욱, 고수 등과 김장할 배추 무들이 무럭무럭 자라고 있고 이런 건강식 식재료들은 마하연사찰음식문화원에 맛과 향을 더해 더 많은 사람과 만나고 세상을 배운다며 미소 짓는다.

열네 번째 만남

마음 넉넉한 변호사 진형혜

정의에 웃고 정에 울던
무모한 하룻강아지
이제야 철들다

제가 몸담고 있는 이 사회와 이 사회의 선량한 구성원을 지켜내기 위한 최선의 해법은 무엇일까 생각해 봅니다. '변호사로서 지켜야 할 법의 양심과 정의는 어떻게 지켜나가야 할까?' 수 없이 저 자신에게 묻고 고민합니다. 아마도 평생에 걸쳐 해답을 찾아야 할 고민인 듯 합니다.

진형혜 변호사는 1994년 서울대학교를 졸업하였다. 2001년 미 컬럼비아 로스쿨 국제통상법 특별연수를 받았으며 2005년부터 현재까지 서울지방경찰청 규제심사위원회 심사위원으로 활동하고 있다. 2005년부터 2008년까지 SBS 솔로몬의 선택 변호사 법률단으로 출연하여 전 국민에게 친숙한 변호사가 되었다.

'정의' 란
무엇인가

●

그에게 물었다.

"세상의 많은 말들 중에 왜 그런 비문을 골랐나요?"

그가 대답했다.

"정의에 웃고 정에 울던 무모한 하룻강아지, 이제야 철들다"는 말은 제가 변호를 맡으면 겪었던 사례를 통해 얻게 된 교훈이 담긴 말입니다. 그 사례들을 접하며 도대체 '정의란 무엇인가' 를 다시 한 번 고민하게 되었습니다. 사례는 아래와 같습니다.

#사례 1

재판장 : 검사, 구형하세요.

검　사 : 피고인은 전에도 이와 동일한 범죄로 벌금형을 선고받았음에도 또 다시 본건과 같은 범죄를 저질렀습니다. 이는 자신의 범죄에 대해 전혀 뉘우침이 없다는 것으로 피고인에 대해서는 전보다 당연히 중한 형으로 처벌을 하여야 할 필요성이 있습니다. 이에 피고인에 대하여 징역 3년을 선고하여 주시기 바랍니다.

재판장 : 변호인, 최후 변론 하세요.

변호인 : 존경하는 재판장님. 그간 피고인은 성장과정에서 정상적인 양육과 보호를 받지 못하고 오히려 지속적인 폭력과 학대에 시달려 왔습니다. 그러한 환경에서 성장한 피고인에게 정상적인 사고와 원만한 정서를 기대하기 어려울 만한 충분한 이유가 있습니다. 피고인이 겪어야 했던 가정 내 폭력과 학교에서의 소외, 나아가 우리 사회에서 당한 냉대와 무관심 등을 본다면 결코 피고인에게 그 모든 책임을 돌릴 수는 없으며 우리 사회가 결코 그 책임에서 자유롭지 않습니다. 따라서 피고인에게 법이 허용하는 최대한의 관용을 베풀어 주셔서 피고인에게 벌금형 또는 집행유예를 선고해 주시기 바랍니다.

#사례 2

재판장 : 국선보조인(소년 범죄 사건의 국선변호인)께서는 위 소년에게 내릴 처분에 대한 의견 진술하세요.

보조인 : 위 보호소년은 17세의 나이임에도 이미 이 사건과 동일한 범행을 5차례 저질렀습니다. 또한 지난 재판에서 보호소년에게 내려진 학교에 복학할 의무와 더불어 밤 10시 이후에는 외출을 금하는 명령 또한 그간 전혀 지켜지지 않았습니다. 무엇보다도 현재 보호소년이 어울리는 대부분의 친구들은 보호소년으로 하여금 범행을 저지르게 하거나 자신들의 범행에 함께 가담하게 하는 일행들입니다. 이러한 주변 환경을 상당기간 차단하지 않고는 위 보호소년의 행동이 나아지기를 기대하기 어렵습니다. 따라서 위 보호소년에게 6개월의 보호시설 수용 처분을 내려주시길 바랍니다.

소 년 : 잘못했어요. 흑흑. 한번만 더 용서해 주시면 안돼요? 앞으로 잘할게요. 훌쩍.

소년의 어머니 : 제 잘못입니다. 모두 제 잘못입니다. 흑흑흑, 이번 한 번만…….

같은 날에 진행된 위 두 사건에서 저는 마치 야누스의 얼굴처럼 한번은 죄를 지은 피고인에 대한 선처를 호소하기 위해 심금을 울리는 변호인이 되었다가(사례 1) 1시간 뒤 이어진 소년 범죄 재판에서는 오토바이 절도 및 오토바이 무면허 운전을 반복하는 소년에 대해 6개월 간 소년보호시설에서의 수용을 명하는 저승사자(사례 2)와 같은 모습을 오고 갔습니다.

그 후 1년여가 지났을 무렵 구속 피고인의 변호를 맡아달라는 국가의 부름(?)을 받고 간 구치소에서 사례 1에서 등장한, 몇 달 전 감옥에 보내야 한다는 검사와의 대립을 통해 집행유예를 받아 낸 바로 그 피고인이 또 다시 구치소에 마련된 변호인 접견실에 앉아있는 모습을 보게 되었습니다. 그는 자신을 변호해 줄 변호인을 기다리고 있었습니다. (그 피고인에게 다행인 것은 그 피고인의 변호인이 제가 아니라는 것이었습니다.) 혹시나 싶어 교도관에게 슬쩍 물어보니 이번 역시 이전과 동일한 수법의 동일한 범행이었습니다. 결국 투철한 사명감에 불타 변호를 했던 당시의 제가 한 일이라고는 또 다른 피해자를 만든 것이었습니다. 그 참담한 상황 앞에서 고작 제가 할 수 있는 일은 '그때 보냈어야 했는데…….'라는 혼잣말과 얼굴도 알지 못하는 피해자에게 미안함을 담아 올리는 기도가 유일했습니다.

'억울한 사람의 무고함을 밝히는 일, 잘못한 이의 허물을 덮어주고 그 사람의 힘겨운 사정을 이야기하며 용서와 선처를 부탁하는 일은 그 사람의 다른 잘못을 들추거나 죄를 묻는 일, 또는 사람이 사람을 판단하는 것에 비해 얼마나 더 편하고 좋은 일인가' 라는 생각을 하게 되었습니다

또 한달 후 사례 2의 소년과 소년의 옆에 서서 한없이 울던 그 어머니가 쓴 편지가 사무실에 도착했습니다. 재판 직후 6개월의 소년 보호시설 수용처분을 받은 후 울며불며 소년보호시설에 입소한 그 소년의 근황이 담긴 편지였습니다. 6개월의 기간 동안 대학 입학을 위한 검정고시 준비에 매진하여 시험에 합격했다는 내용이 담겨있었습니다.

또한 그 곳에 있는 동안 자신의 인생과 미래에 대해 처음으로 생각해 보았다는 이야기가 담겨 있었습니다. 달라진 아들의 모습을 보며 어머니는 아들을 소년보호시설에 보냈을 때 흘렸던 눈물만큼 새로이 눈물을 흘렸으며 아들이 중학교에 들어간 이후 처음으로 아들에 대한 믿음이 생겼다는 내용의 편지였습니다.

'억울한 사람의 무고함을 밝히는 일, 잘못한 이의 허물을 덮어주고 그 사람의 힘겨운 사정을 이야기하며 용서와 선처를 부탁하는 일은 그 사람의 다른 잘못을 들추거나 죄를 묻는 일, 또는 사람이 사람을 판단하는 것에 비해 얼마나 더 편하고 좋은 일인가' 라는 생각을 하게 되었습니다. 순진무구한 발상으로 한 치의 망설임도 없이 선택한 변호사로서의 실. 그러나 법조인이 된 지 15년이 지난 요즘, 변호사로서의 일상이 점점 버겁기만 합니다.

해를 거듭할수록 점점 더 지금 제가 하고 있는 이 일이, 저의 의견이 정말 최선인지, 확실한지 확신이 들지 않습니다.

변호사가 된 처음 1~2년간 그야말로 하룻강아지 범 무서운 줄 몰랐던 시절, 저에게 맡겨진 대부분의 사건에 대해 승소를 확신하며 의기양양했습니다. 하지만 그때의 호기로움은 이제 사라졌습니다. 제 능력의 한계와 가공할 만한 능력자들의 존재에 절망하며, 또한 사례 1과 2의 경우처럼 저의 의도와 전혀 상관없이 흘러가는 재판 이후의 상황을 접하며 겸손함을 넘어 소심함으로 바뀐 지 이미 오래입니다.

제가 한 일이 가져온 예상치 않은 결과를 보며 또 한 번 저의 행동과 그로 인한 결과의 예측 불가능함에 어깨가 처집니다. 저의 비문은 이런 저의 삶의 경험이 담겨 있는 말입니다. 제가 몸담고 있는 이 사회와 선량한 구성원을 지켜내기 위한 최선의 해법은 무엇일까 생각해 봅니다. '변호사로서 지켜야 할 법의 양심과 정의는 어떻게 지켜나가야 할까?' 수 없이 저 자신에게 묻고 고민합니다. 아마도 평생에 걸쳐 해답을 찾아야 할 고민인 듯 합니다.

제가 몸담고 있는
이 사회와 선량한 구성원을 지켜내기 위한
최선의 해법은 무엇일까 생각해 봅니다
'변호사로서 지켜야 할 법의 양심과 정의는
어떻게 지켜나가야 할까?'
수 없이 저 자신에게 묻고 고민합니다

진형혜 · 마음넉넉한변호사

마음 넉넉한 변호사
진형혜
그의 이야기

그는 1999년 사법시험에 합격한 뒤 2001년부터 활동한 12년차 변호사다. 자신의 지식을 나누기만 해도 누군가에게 도움이 될 수 있다는 점에서 변호사라는 직업을 택했다고 밝힌 그는 전문 방송인이 아님에도 3년 이상 정기적으로 방송에 출연했다. SBS '솔로몬의 선택'의 변호사 법률단으로 출연한 것은 인생에서 또 다른 배움이 있었다고 말한다.

그는 개인 법률사무소에서 활동하고 있다. 로펌 근무 당시 머릿속에 그린 5년, 10년 뒤에 자신의 모습은 그리 만족스럽지 않았기 때문이다. 여전히 업무에 허덕일 것이고, 클라이언트와의 관계도 힘들 것이며 지위 보장 여부도 불투명했다. 평가에 연연하지 않고 업무

경험을 넓히고 싶은 생각에 2001년부터 다니던 로펌을 3년 6개월 만에 그만두고 프리랜서의 길을 택했다.

원래 아이들을 가르치는 교사를 꿈꿨던 그는 사범대 독일어 전공을 살려 선생님을 꿈꿨다. 그러나 임용고시제도가 생긴 후 독일어 교사를 더 이상 뽑지 않게 되면서 외무고시를 선택하게 된다. 하지만 그 역시도 그의 길이 아니었다. 1년을 공부하고 나니 합격자 정원이 30명에서 25명으로 줄어든 것이다. 고민 끝에 사법고시에 도전하기로 했지만 법대 전공이 아닌 탓에 많은 시행착오를 겪어야 했다. 하지만 이 과정을 통해 법조인에게 필요한 것이 무엇인지를 깨닫게 된다. 그는 법이라는 것을 학문으로 연구하지 않고 법조인은 학자가 아니라 실무자라는 생각을 갖게 되었다. 때문에 찾아오는 이들에게 매 순간 최선을 다해 그들을 대변하는 변호사가 될 수 있었다.

연수원 동기로 같은 법조인인 동갑내기 남편은 속내를 털어놓을 수 있는 편한 친구와 같다. 세 아들과는 퇴근이 늦은 주중엔 함께하지 못하지만, 주말은 무슨 일이 있어도 온전히 함께 보내려 한다. 그에게 가족은 일에서 받은 상처를 보듬어 줄 수 있는 존재이기 때문이다.

그의 꿈은 법조인을 꿈꾸는 많은 이들에게 도움을 주는 교육자가 되는 것이다. 또, 더 나아가 훗날 제3세계의 어려운 아이들이 무상으로 다닐 수 있는 학교를 지어 배움의 기회를 제공하는 선생님으로서의 제2의 인생을 계획하고 있다.

열다섯 번째 만남

한국벨리의 여왕 최수지

잘 놀다갑니다

잘 놀고 간다는 말은 내가 가진 모든 것을 소진하고 간다는 말이에요. 매일매일 생각합니다. 가지고 있는 것을 다 쓰고 마침내 손가락 하나 들지 못할 정도로 힘이 빠지고 말았을때 죽을 수 있다면 행복하겠다는 그런 생각을. 다행히 지금까지는 그렇게 살아왔어요. 내가 가진 에너지를 다 소진하겠다는 생각으로 살다보니 후회도 없었죠.

한국벨리의 여왕 최수지, 그는 아시아 벨리댄스 유니온 총재와 사단법인 한국벨리댄스협회 회장, 한양대학교 사회교육원 지도교수로 활동하고 있다. 매사에 열정적이며 즐겁게 살아가는 그는 춤꾼으로 살다 춤꾼으로 생을 마감하고 싶다고 말한다.

바람에 흘러가듯
집시처럼 그렇게

●

그에게 물었다.

"세상의 많은 말들 중에 왜 그런 비문을 골랐나요?"

그가 대답했다.

잘 놀고 간다는 말은 제가 가진 모든 것을 소진하고 간다는 말이에요. 매일매일 생각합니다. 가지고 있는 것을 다 쓰고 마침내 손가락 하나 들지 못할 정도로 힘이 빠지고 말았을때 죽을 수 있다면 행복하겠다는 그런 생각을. 다행히 지금까지는 그렇게 살아왔어요.

제가 가진 에너지를 다 소진하겠다는 생각으로 살다보니 후회도 없었죠. 남들이 말하는 행복이 제게는 그래서 멀지 않았던 것 같아요. 늘 제곁에 행복이 가까이 있었던거죠. 사실 시간은 누구에게나 공평하게 주어지잖아요. 그 시간을 감사하게 받아들이려면 결국은 그 시간을 제대로 쓰는 수 밖에 없지요.

덩어리든 쪼가리든 허락된 시간의 상황에 사로잡힐 필요는 없다고 생각해요. 그저 주어진 시간에 제가 쓸 수 있는 힘을 다하면 그것으로 그만인거죠. 그게 바로 잘 사는 길이고, 또 잘 죽는 길이라고 생각해요. 그렇게 되면 저는 정말 이세상에 나와 잘 놀다 가는 거죠.

● ●

그에게 물었다.

"춤꾼으로 살다 춤꾼으로 죽는게 즐거운 일인가요?"

그가 대답했다.

어릴때부터 이상하게 집시에 끌렸어요. 일정한 거처를 두지 않고 떠돌아다니는 그들의 자유로운 영혼을 닮고 싶었는지도 모르죠.

집시는 극도의 궁핍을 경험하면서도 춤과 악기가 주는 흥겨움과 자유를 버리지 않았죠. 저는 무언가에 얽매이지 않는 그들의 삶이 좋았어요. 정해진 규칙따위는 이상하게 싫었거든요. 그래서 춤을 추는 길로 들어섰어요. 게다가 남들이 뭐라고 해도 나는 춤이 좋았거든요.

사실 우리 역시 세상이라는 무대를 언젠가는 떠날 수 밖에 없는 여행자나 다름없죠. 생각하기에 따라 숱한 여행의 길이 있겠지만 저는 그중 춤을 택한거죠.

앞으로 얼마나 더 살지는 모르겠지만 살아있는 날은 내내 춤꾼으로 살고 싶어요. 제가 추는 춤판에서 저는 저대로 즐겁게 놀고, 저의 춤판을 지켜보는 이들 역시 즐거워하기를 바라면서요.

● ● ●

그에게 물었다.

"하루하루가 고단한 이들에게는 당신의 비문이 공상처럼 느껴질것 같은데요?"

그가 대답했다.

두종류의 사람들이 있는 것 같아요. 한쪽은 스스로의 삶에 만족하며 살아가는 사람들이고, 다른 한쪽은 남들의 삶을 부러워하며 살아가는 사람들이죠. 그런 사람들 대부분은 돈을 행복의 기준으로 삼는 경우가 많아요. 그런데 문제는 있고 없고를 행복의 기준으로 정해버리고 나면 그 다음으로 나가는 힘이 약해진다는 거죠.

왜냐하면 무언가를 하기에는 자신에게 모자라거나 없는 게 너무나 많을테니까요.

우리는 흔히 삶의 주인공이라는 말을 하잖아요. 그런데 정작 자신을 삶의 주인공처럼 생각하고 살아가는 사람들은 많지 않아요. 그러니까 늘 상황에 끌려가고 말죠.

아닌데도 고개를 끄덕이고, 싫은데도 고개를 끄덕이고, 심지어 돌아서야 할 시점에도 고개를 끄덕이고, 그렇게 매번 상황앞에 무릎꿇게 되죠. 그러면서 스스로를 자책하거나 자신의 상처를 모른체 해버려요.

사실 속을 들여다보면 누구나 힘이 들거든요. 그런데 누구는 주인공으로 살고, 누구는 그저 누군가를 바라보는 사람으로 살아갑니다. 상황이 아무리 어려워도 자신의 머리에

스스로 불을 켜세요. 그렇게 잠시라도 반짝이는 존재감을 드러내는 순간 다시 시작할 용기와 희망이 보이거든요. 그게 시작이 되는 거예요. 자신의 삶을 살아갈, 자신의 삶을 찾아갈, 바로 자신이 꿈꾸는 길을 만들어가는 거죠. 그때가 되면 자신이 가진 모든 것을 쓸 수 있게 되지 않을까요. 한판 멋지게 놀아볼 수 있는 그런 길요.

아마도 누군가는 물을겁니다. 뭘 그렇게 열심히 살아야 되냐고. 그런 사람들에게 전 이 말을 해주고 싶어요. 솔직히 말해 내가 죽으면 지구종말이라고. 내가 오늘 살아서 본 세상이 있으니까 오늘 지구가 있는 거라고. 내가 없으면 사라질 지구라면 내가 주인공이 되어 살아야 되지 않겠어요. 주인공이 되어 살겠다는 마음으로 포기하지 않고 오늘 하루를 열심히 살라고요. 그게 바로 제대로 놀다 가는거니까요.

한국벨리의 여왕

최수지

그의 이야기

그는 강원도 강릉에서 태어나 성장기의 대부분을 그곳에서 보냈다. 칠남매 중 여섯째 딸로 태어나 귀여움도 많이 받고 자랐으나, 그가 열세 살이 되던 해 아버지가 세상을 떠나는 아픔을 겪게 된다.

아버지를 잃은 후 그는 이상하게 더 강해졌다. 그러다 스물일곱 살이 되던 해 한 남자를 만났다. 별 기대 없이 만났던 남자는 현명하고 정숙한 부인이 아닌 꿈을 꾸는 여자 최수지의 미래를 존중했다.

최수지 인생의 춤을 시작하게 만든 것도 그다. 함께 즐길 뭔가를 찾던 최수지와 그의 눈에 들어온 것은 바로 댄스스포츠였다. 춤을 통해 서로에게 더 깊이 매료됐던 두 사람은 마침내 결혼을 했다. 그러나 결혼 후 남편은 춤보다는 일에 더 많은 신경을 써야 했다.

그 역시 댄스스포츠로부터 멀어졌다. 그 무렵 문득 오래전에 보았던 '노트르담의 꼽추'라는 영화를 다시 보게 됐다. 영화 속에서 '에스메랄다' 역을 맡은 지나 롤로브리지다가 마치 집시처럼 자유롭고 열정적으로 춤을 추는 장면에서 최수지는 새로운 세계에 빠져들었다. 벨리댄스에 매료된 그는 이집트로 향했다. 세계 벨리의 고향이라고 할 그곳에서 최수지는 몸 뿐만 아니라 영혼까지도 벨리의 춤사위에 맡기며 한걸음씩 나아갔다. 해마다 30~40개국의 벨리댄서들이 참여해 7박 8일 동안 벌이는 세계 최대의 벨리댄스 페스티벌에도 빠지지 않고 참여했다. 마침내 페스티벌 참가 11년 만인 지난 2009년 최수지는 정식 티쳐 자격을 획득했다. 벨리의 불모지였던 한국에서 자란 그가 전 세계의 내로라하는 유명 벨리댄서들과 함께 어깨를 나란히 하는 감격의 순간을 맞은 것이다.

그 기쁨은 평생의 스승이 될 만한 이들을 곁에 이끌어주는 기적을 만들었다. 그중 빼놓을 수 없는 이가 바로 이집트 벨리댄스의 살아있는 전설로 통하는 나구아 후아드(Nagwa Fouad)다. 최수지를 딸이라 부르며 기꺼이 대모가 되어준 나구아 후아드는 그분의 이름아래 최수지가 세계 벨리댄스대회를 우리나라에서 열 수 있도록 허락해줬다. 외국에서는 대한민국을 이제 당당한 벨리 선진국으로 인식한다. 각종 세계대회를 휩쓴 경력들을 인정하는 탓이다.

언젠가는 마지막 감사기도를 드려야 하는 날이 올 것이다. 하지만 그 기도를 드리기 직전까지도 그는 춤추고 싶어 한다. 그의 꿈을 만들어준 춘, 그의 꿈이 되어준 춤, 그 춤 벨리를 그가 떠나기 전 마지막 감사기도의 자리에 올리고 싶어 한다. 그리고 그 마지막 기도는 이 세상 즐겁게 놀다 감을 고백하는 기도가 되기를 최수지는 바란다.

Ⅳ. 함께 가는 길 …

김정열

열여섯 번째 만남

나전칠기 명장 김정열

돌은 물로,
나는 나전칠기로

세상사에 휘달려 숨 막힐 것 같은 고통을 겪으면서도 나전칠기만 바라보며 이제껏 헤쳐 왔습니다. 그런 사이 나 자신도 모르게 돌처럼 깎이고 갈리면서 수마가 되어 온 거죠. '나전칠기가 뭔지 알겠다' 하는 생각이 드는 요즘이 그래서 더 소중하게 느껴지는 것인지도 모르겠습니다. 나전칠기로 인해 견뎌냈고, 또 그 견딤으로 인해 나진칠기를 지킬 수 있었으니까요

열 네 살이 되던 해 어머니 손에 이끌려 경남 통영시에 있는 칠기상에 맡겨지면서부터 나전칠기를 배우기 시작한 김정열 선생. 세월이 지난 지금 그는 대한민국 최고의 나전칠기 명장으로 불리고 있다.

자연의 빛을 담다

●

그를 찾아간 오후, 그는 옻칠바탕에 자개를 붙이고 있었다. 반가운 인사를 나누자마자 그에게 물었다.

"생각하신 비문이 마음에 드십니까?"

앉은 자리에서 천천히 허리를 세운 그가 대답했다.

돌을 좋아하는 사람들은 '수마水磨'라는 말을 자주 쓰는데요. 우리말로 치면 물갈음 혹은 물 씻김이 되겠네요. 좋은 돌이 되려면 오랜 시간 수마가 되어야 합니다. 그렇게 오랜 시간 수마가 된 돌은 누구나 탐낼만한 가치를 얻게 되지요. 폭풍이 몰아치든, 사나운 빗줄기가 내려치든 아무 세상사에 휘달려 숨 막힐 것 같은 고통을 겪으면서도 나전칠기만 바라보며 이제껏 헤쳐 왔습니다. 그런 사이 나 자신도 모르게 돌처럼 깎이고 갈리면서 수마가 되어 온 거죠

런 말없이 그 자리에서 세월을 견뎌낸 돌만이 보여줄 수 있는 가치죠. 제 삶도 그랬습니다. 나전칠기를 배우느라 어린 시절에는 물지게를 지고 언덕을 오르락내리락 거려야했지요.

나전칠기에 푹 빠지면서 손고생, 몸고생, 마음고생 많았습니다. 하지만 멈춰야지 하는 생각은 해본 적이 없습니다. 그저 내 길이겠거니 하고 지금껏 온거죠. 세상사에 휘달려 숨 막힐 것 같은 고통을 겪으면서도 나전칠기만 바라보며 이제껏 헤쳐 왔습니다. 그런 사이 나 자신도 모르게 돌처럼 깎이고 갈리면서 수마가 되어온 거죠. '나전칠기가 뭔지 알겠다' 하는 생각이 드는 요즘이 그래서 더 소중하게 느껴지는 것인지도 모르겠습니다. 나전칠기로 인해 견뎌냈고, 또 그 견딤으로 인해 나전칠기를 지킬 수 있었으니까요.

이걸 보세요. 참 영롱한 빛이 드러나지요. 나전은 바로 이 자연의 빛을 그대로 가져오는 예술입니다

●●

그의 손가락에 묻은 옻칠의 흔적처럼 그에게선 나전칠기 냄새가 났다.

그에게 다시 물었다. “다른 길을 갔더라면 좀 더 빨리 이룰 수 있는 일들이 많지 않았을까요?”

빙그레 웃던 그가 느닷없이 쌓여있던 전복의 껍데기를 들어보이더니 대답을 이었다.

이걸 보세요. 참 영롱한 빛이 드러나지요. 나전은 바로 이 자연의 빛을 그대로 가져오는 예술입니다. 재미난 것은 같은 전복이라도 대만, 호주, 인도네시아, 멕시코, 이렇게 각각의 나라에서 자란 전복의 빛깔이 제각기 다르다는 겁니다. 그것이 자연의 이치가 아니겠습니까. 그 빛깔의 강하고 빛남도 신기한 이치를 따릅니다. 전복의 빛깔도 7~8년 전후로는 참 아름다운데 10년을 훌쩍 넘은 것들은 빛을 잃어요. 어찌보면 사람과 같지요. 청장년 시절에 빛나던 세월이 노년이 되면 어두워지는 것과 같지 않겠습니까. 그러니 이것또한 오묘한 자연의 이치겠고요. 그런 생각을 하다보면 제가 이길에 끌려 지금까지 온 것 역시 자연의 이치라는 생각을 가지게 됩니다.

억지로 하란다고 해서 할 수 있는 일이 아니고, 싫다고 달아난다고 해서 피해질 일이 아니었던 거죠. 그렇게 온 길이 저를 나전칠기 명장으로 만들었고, 또 그 길이 여전히 저에게 좀 더 오라고 부르고 있는 거죠.

●●●

그가 말을 마친 순간 고개 위로 떠올라 있던 해가 반쯤 사라져버렸다. 노을빛이 나타날 시간, 그에게 마지막으로 물었다. "요즘은 대기만성보다 무엇이든 빨리 이루려는 사람들이 많은데, 어떻게 생각하십니까?"

잠시 고개를 돌려 창밖 노을을 보던 그가 대답했다.

나전을 하다보면 무엇보다 옻칠에 신경을 쓰게 되는데요. 그 무엇도 속일 수 없는 것이 바로 칠의 깊이에요. 정직하지 않으면 거부를 하거든요. 다른 칠은 좀 미흡해도 되는데, 옻칠은 정성껏 시간을 두고 잘 바르지 않으면 건조가 안 되어 자글자글해져요. 망치는 거지요. 남들보다 앞서고 싶다는 욕심 때문에 무조건 빨리 가려고만 하다보면 결국에는 인생도 망치게 됩니다. 번지르한 겉모양이 좋다고 속의 가치까지 좋아지는 것은 아니니까요. 언젠가는 저절로 드러나죠. 그러니 무엇을 하든 오랜 시간을 견뎌낼 필요가 있습니다. 세월이 주는 가치는 그 누구도 부정할 수 없으니까요. 천천히 가더라도 한걸음 한걸음 제대로 가는 것이 필요합니다.

나전칠기 명장 김정열 그의 이야기

지금은 대한민국 최고의 나전칠기 명장으로 불리는 김정열 선생, 그가 처음 나전칠기와 인연을 맺은 것은 겨우 14살 때다. 어머니 손에 이끌려 경남 통영시에 있는 칠기상에 맡겨지면서부터 그의 나전칠기 인생이 시작됐다. 어려운 가정형편 때문에 어쩔 수 없이 선택했던 일이다.

칠기상 막내로 물지게를 지고 매일 같이 산길을 오르내려야 했던 소년의 등과 허리엔 굳은살이 박혀갔다. 고통스러운 날들이었다. 하지만 소년은 어머니를 원망하지 않았다. 그저 묵묵히 견디고 또 견뎠다. 17살이 되던 해, 소년은 드디어 공방의 책임자가 되었다. 이후 단 한번도 한눈을 팔지 않고 달려온 그는 40년이 지난 지금 전통 나전칠기 공예의 맥을 잇는 최고의 명장으로 올라서 있다.

김정열 명장은 지난 1996년 전통문화 계승 발전에 기여한 공로를 인정받아 대통령 표창과 함께 대한민국 최고의 장인에게 부여되는 '명장'이란 칭호를 공식적으로 얻었다. 사실 그의 경력은 화려하다. 1992년 제22회 전국공예품 경진대회에 '양주 별산대놀이'에 사용되는 탈 모양 50여 점을 출품, 영예의 대상을 받은 것은 물론 이듬해에는 전국 기능경기대회에서 금상을 차지했다. 이후에도 각종 대회 수상경력은 늘어만 갔다. 그야말로 최고의 명성을 획득한 것이다.

그러나 그는 좀처럼 머물며 쉴 줄을 모른다. 평생을 나전칠기에 빠져 부지런히 달려왔지만, 내내 모자란다는 안타까움이 든다는 것이다. 그러니 도무지 쉴 틈이 없다는 김정열 선생이다.

가끔 그는 나전칠기는 곧 자기 자신이라는 말을 한다. 당장 눈앞의 결과보다는 몇 달 뒤, 몇 년 뒤를 기약하며 만들어 가는 나전칠기와 느리지만 진득하게 한 길을 걸어가는 자신의 모습이 닮았다는 것이다.

오색영롱한 자개 빛과 옻칠이 만나 만들어내는 독특한 빛의 매력에 빠져 지금껏 한 길을 걸어온 그는 여전히 나전칠기와 씨름중이다. 최근에 그는 작업장을 장흥관광단지내에 있는 천봉 나전칠기체험관으로 옮겼다. 고양과 파주, 그리고 양주의 경계를 두르며 북한산과 함께 백두대간의 지맥을 잇고 있는 개명산의 정기가 그대로 흐르는 곳이다. 거기 솟은 봉의 이름이 용봉, 어쩌면 이제 세인들은 그의 손길을 통해 만들어진 나전칠기에서 힘찬 용의 기운을 보게 될지도 모를 일이다.

김정열 · 나전칠기명장

열일곱 번째 만남

세계적인 암 전문가 김의신

무서워하지 않고

웃으면서 죽음을 맞이한 사람

죽기 직전 지나온 삶이 눈앞으로 스쳐지나간다고 합니다. 언젠가 죽음이 다가 온다는 사실을 인정하면 더욱 지혜롭게 보다 나은 삶을 살 수 있을 것입니다. 그것은 삶에서 정말로 중요한 것이 무엇인지 돌아보고 깨닫게 해줄 수 있디고 생각 합니다.

31년 동안 세계 최고의 암센터인 M.D. Anderson의 종신 교수로 근무하였다. 서울대학교의 WCU교수, 또 경희대학교의 석학교수를 역임하였으며 국내 암치료 선진화를 이끈 대부(代父)이다. 그는 본인의 삶을 큰 축복을 받은 행복한 삶이라고 여기며 죽음으로 삶은 끝나지만 영혼의 안식을 찾을 수 있는 새로운 시작이라고 말한다.

어떤 사람으로
기억되고 싶은가

그에게 물었다.
"세상의 많은 말들 중에 왜 그런 비문을 골랐나요?"
그가 대답했다.

어릴 적 어른들을 따라 성묘를 다녔을 때, 미국에서 공동묘지에 갔을 때, 유럽이나 남미를 관광할 때, 저는 묘지 비석에 새겨진 훌륭한 분들의 짧지만 그분들의 삶을 축약한 감동적인 글들을 많이 보았습니다. 그리고 제가 죽은 후에도 그 비슷하게라도 비문을 남기고 싶다고 마음먹은 적이 여러 번 있었습니다. 그러나 작년 70세의 나이로 은퇴를 하면서 저와 아내는 우리가 죽었을 때 모두 화장火葬을 하기로 결심하여 변호사 앞에서 유언장에 서약을 하였습니다. 때문에 묘지나 비석이 필요가 없어져 짧지만 삶을 함축한 문구를 만들 이유도 없어져 버렸습니다. 하지만 제가 죽은 뒤 저의 자녀들과 저를 아는 분들이 '어떻게 나를 기억할까?' 하는 생각이 들면서 저의 지나온 삶을 돌이켜 보고 앞으로 여생을 어떻게 살아야 될까, 또 어떻게 피할 수 없는 죽음을 맞이할까 심사숙고하게 되었습니다.

저는 독실한 기독교인 부모님께 천지를 창조하신 전지전능한 하나님을 믿고, 성경 말씀을 통해 하나님 뜻대로 살면서 하나님께 영광 드리는 것이 우리 삶의 궁극적인 목적이라고 배웠습니다.

또 죽은 뒤에 천국에서 영원한 삶을 기대하고 살아왔습니다. 때문에 '하나님 뜻대로 살려고 애쓴 사람' 또는 '사랑할 수 없는 사람을 사랑한 사람'으로 기억되는 것이 최고의 소원이었지만 저의 삶이 주로 저의 뜻대로 살아왔기에 '하나님의 은혜를 많이 받아 남부러운 삶을 살았던 사람', '환자들을 불쌍히 여기고 도움이 필요한 사람들에게 도움을 주려고 애쓴 사람' 또는 '배우고 가르치기를 즐기며 핵의학, 분자 영상학 및 종양학 분야에 공헌한 사람'으로 알려지지 않을까 생각이 듭니다.

김의신 · 세계적인 암 전문가

저는 부모님의 기도로
제가 원하고 바라던 사람이 되었습니다
슬하에 바라던 이남 일녀의 자녀를 둔 아버지이며
미국 전역을 다니며
캘리포니아 대학교 교수로 일할 수 있는
엄청난 축복을 받으며 살아왔습니다
이처럼 삶을 살며 많은 축복과 행운을 받았기에
저는 '죽음을 무서워 않고
웃으면서 죽음을 맞이한 사람'으로
기억되거나 알려지고 싶습니다

사실 저는 부모님의 기도로 제가 원하고 바라던 사람이 되었습니다. 31년 동안이나 세계에서 가장 유명한 M.D. Anderson 암센터에서 종신 교수로, 서울대학교의 WCU 교수, 또 경희대학교의 석학교수로 지냈습니다.

슬하에 바라던 이남 일녀의 자녀를 둔 아버지이며 미국 전역을 다니면서 현재는 캘리포니아 대학교 교수로 일할 수 있는 엄청난 축복을 받으며 살아왔습니다. 또 늦게 배운 골프지만 남들이 못하는 홀인원을 3~4년 마다 무려 총합 5번이나 한 행운아입니다. 이처럼 삶을 살며 많은 축복과 행운을 받았기에 저는 무서워하지 않고 웃으면서 죽음을 맞이한 사람' 으로 기억되거나 알려지고 싶습니다.

● ●

그에게 물었다.

"당신에게 죽음은 두려움의 대상이 아닌가요?"

그가 대답했다.

세월은 정말 눈 깜짝할 사이에 지나갑니다. 저도 인생의 성숙기이자 노년기에 도달해 다가올 죽음을 생각해 볼 시간이 되었습니다.

김의신 · 세계적인 암 전문가

삶이라는 것이 젊은 사람들에게는 무한한 미래이고 나이 든 사람들에게는 극히 짧은 과거라고 한 말을 요즘 부쩍 실감하게 됩니다. 사람들은 대부분 늙는 것을 두려워하며, 할 수 있는 데까지 젊음을 연장하고자 합니다. 하지만 미국의 여러 연구결과에 따르면 사람은 나이가 들면서 더 행복해진다고 합니다. 늙으면 하고 싶지 않거나 좋아하지 않는 일은 하지 않아도 되고 정말로 중요한 것이 무엇인지 이해되기 시작하기 때문일 것입니다.

죽기 직전 지나온 삶이 눈앞으로 스쳐지나간다고 합니다. 언젠가 죽음이 다가 온다는 사실을 인정하면 더욱 지혜롭게 보다 나은 삶을 살 수 있을 것입니다. 그것은 삶에서 정말로 중요한 것이 무엇인지 돌아보고 깨닫게 해줄 수 있다고 생각 합니다.

톨스토이는 본인 최고의 역작 〈이반 일리치의 죽음〉에서 세상을 떠날 순간이 왔을 때 삶을 헛되이 낭비했다는 후회와 슬픔을 느끼지 않도록 살라는 교훈을 주었습니다. 이반은 죽기 며칠 전에야 어떻게 살았어야 했는지 깨달았고 자신에게 정말로 중요한 것이 무엇인지를 알게 되었습니다. 그는 그제야 주어진 삶을 그 모든 것들을 깨달은 상태에서 시작할 수 있다면 얼마나 좋을까 하고 생각합니다.

우리는 영혼을 갖고 있으며 영생은 영혼이 있어야 가능합니다. 정신과 영혼은 연약한 육체 안에 살면서 욕망과 희망에 매달립니다. 언젠가 누구에든지 죽음이 찾아오기에 삶이 중요하고 축제 같으며 보람 있고 즐겁기까지 한 것입니다.

지혜로운 솔로몬 왕은 우리 생전에 가능한 모든 것을 하라고 조언합니다. '하지 않고 후회하면 그 슬픔은 이루 헤아릴 수 없으니 차라리 하고나서 후회하는 편이 낫다'는 니체의 말보다 몇 천 년이나 더 일찍 나온 말입니다. 우리 모두가 이 세상에 울면서 태어났지만 천국을 믿으면 죽을 때에는 슬퍼할 이유가 없다고 저는 생각합니다.

김의신 · 세계적인 암 전문가

세계적인 암 전문가
김의신
그의 이야기

그는 1941년 전북 군산에서 태어났다. 서울대에서 예방의학을 전공하다 베트남전에 군의관으로 입대한 것을 계기로 미국과 인연을 맺게 된다. 그는 제대 후 1966년 미국으로 건너가 내과와 방사선과에서 연수를 받은 후 국내에는 생소하던 핵의학이라는 새로운 분야를 연구하기 시작했다. 미국 사회에서 '한국인 의사'로서의 지위를 기대할 수도 없던 시절이었다.

그는 존스홉킨스대, 피츠버그대, 미네소타대, 워싱턴 대학을 차례로 다니며 내과, 임상의학, 핵의학 전문의를 동시에 취득하고 자신만의 영역을 넓혀 나갔다.

1980년부터 M.D. Anderson에서 방사선 및 내과 교수로 재직한 그는 '미국 최고의 의사'로 선정되는 영예를 얻기도 했다. 특히 동위원소를 이용한 암 진단법을 밝혀내 핵의학계 선구자라는 호칭을 얻기도 했다.

350편의 논문과 15편의 교과서(핵의학 및 분자 영상학)를 집필한 이력을 보유한 그는, 10년 이상 Curret Medical Imaging Review 편집인으로 활동하며 핵의학, 영상학 및 종양 전문지의 부편집인으로 활약하였다.

김의신 교수는 한국인 의사의 교육에 관심을 갖고 M.D. Anderson 병원에서 약 500명의 한국인 의사 및 과학자를 교육시켰다. 또한 휴스턴의 한인사회의 발전을 위해서 크게 공헌하였다. 한편 한국에서 온 암환자의 대부로서 재벌회장에서부터 일반인에 이르기까지 많은 암 환자들이 M.D. Anderson에서 치료를 받을 수 있도록 큰 도움을 주었다.

그는 세계 최고의 의료 선진국 미국에서 한국인 의사의 명예를 드높인 공적을 인정받아 2000년과 2005년에 우리 정부로부터 국민훈장과 동백장을 수여받았다.

현재 그는 종신교수로 몸담아 왔던 M.D. Anderson 암센터를 떠나 UC Irvin 대학으로 옮겨 진료와 후학을 양성하고 있다. 서울대 융합과학 기술 대학원 교수직을 겸직하고 있다.

열여덟 번째 만남

자연을 담고 싶어한 서예가 박상찬

솔바람 소리, 풀벌레 소리,
물 소리 의지해 살았지요
글씨는 늘 옆에 끼고 살았대요
미치지 못해 죄송하구만요
그래도 평생 붓을 벗할 수 있었기에
웃을 수 있었답니다

매일같이 먹을 갈고 붓을 들었습니다. 그런데도 모자라더라고요. 예술은 끝이 없다는 말이 맞습니다. 결국 최고점에는 다가갈 수 없는 게 예술같아요. 그래도 즐겁습니다. 내가 쓰고 싶은 글씨에 평생 매달려왔으니까요. 아무리 잡고 있어도 지치지가 않았습니다. 새벽빛이든 저녁빛이든 먹향기를 마주하면 모든게 좋았으니까요

경기도 양주에서 태어난 박상찬은 기원 이태익 선생과 여초 김응현 선생 등 당대 대가들의 사사를 거쳐 현재 자신만의 독특한 서체인 노정체를 확립, 새로운 길을 가고 있는 대표적인 서예가로 꼽힌다.

은은한 먹 향에 위로받다

●

해가 넘어가던 오후, 여전히 먹을 갈고 있는 그에게 물었다. "꽤나 긴 비문인데, 담긴 뜻은 무엇인가요?"

그가 대답했다.

평생을 글씨만 보고 살아왔습니다. 다른 것을 돌아볼 겨를도 없었지요. 오로지 꿈이라면 자연에 가까운 글씨를 쓰고 싶다는 것 하나뿐이었으니까요. 산이나 바위처럼 오랜 세월이 지나도 힘을 잃지 않는 그런 글씨를 쓰고 싶었습니다. 매일같이 먹을 갈고 붓을 들었습니다. 그런데도 모자라더라고요. 예술은 끝이 없다는 말이 맞습니다. 결국 최고점에는 다가갈 수 없는 게 예술 같아요. 그래도 즐겁습니다. 내가 쓰고 싶은 글씨에 평생 매달려왔으니까요. 아무리 잡고 있어도 지치지가 않았습니다. 새벽빛이든 저녁빛이든 먹 향기를 마주하면 모든 게 좋았으니까요. 참 좋은 친구를 곁에 두고 살아온 셈이죠. 바로 그 마음을 내 비문으로 삼았어요.

대답을 하느라 잠시 먹 갈기를 멈췄던 그가 다시 손을 움직였다. 두 사람이 마주앉은 고요한 방안에 먹 향이 은은히 퍼져나갔다. 그의 표정도 은은했다.

●●

그가 붓을 잡고 몇 글자를 휘갈기듯 힘차게 써내려갔을 때 다시 물었다.

"평생 한 길을 가는 것이 때로는 무겁거나 지겹게 느껴지지는 않았습니까?"

남은 글자를 써넣은 뒤 그가 대답했다.

요즘은 팔방미인이라는 말들을 많이 하지요. 한사람이 여러 재주를 가지는 것을 대접하는 세상이 됐으니까요. 하지만 그 즐거움의 깊이를 따져보면 한 우물을 진지하게 파는 편이 훨씬 더 낫지 않을까요. 일을 이루는 깊이도 마찬가지고요. 자기가 좋아하는 일을 찾아 즐기면서 사는 것만큼 큰 복이 또 어디 있겠습니까. 그러지 않고 길을 계속 바꿔가는 것은 자신에게 딱 맞는 길을 찾지 못해 방황하는 것과 같지요. 또 너무 늦게 찾은 길은 그 깊이가 얕을테니 만족이 될 리 없고요. 한 길만 가더라도 자신이 미칠 수 있을 만큼 좋은 길이면 즐겁고 행복한 길이 됩니다.

● ● ●

대답을 하는 내내 그의 얼굴에선 부드럽고 따뜻한 미소가 머물러 있었다. 거친 세월도 누그러뜨릴만한 미소였다. 그런 그에게 마지막으로 물었다.

"요즘 새로 마음에 두신 일은 없습니까?"

기다렸다는 듯이 그의 대답이 이어졌다.

박상찬 · 자연을 담고 싶어 한 서예가

이제껏 내 글씨를 쓰느라 가꿔온 '노정서예관'을 사람들 누구나 쉬어갈 수 있는 곳으로 바꿔가고 있어요… 봄과 여름, 그리고 가을과 겨울 아무 때나 찾아와 작품도 보며 차 한 잔의 향기에 마음 다듬고 갈 수 있는 그런 곳으로 만들려고 해요. 나이를 먹으니 그렇게 더불어 가는 길이 좋아집디다

사실은 요즘 참 즐거운 일 하나 벌이고 있습니다. 이제껏 내 글씨를 쓰느라 가꿔온 이 곳을 사람들 누구나 쉬어갈 수 있는 곳으로 바꿔가고 있어요. 예술을 사랑하는 사람, 자연을 사랑하는 사람, 예술과 자연을 몰라도 그저 쉬어가며 위로받고 싶은 사람들이 언제든 편히 와서 글도 보고, 차도 마실 수 있는 그런 곳으로 만들어가는 거죠. 어찌 보면 제 작업공간에 가까웠던 이곳 노정서예관을 많은 이들을 위해 내놓는 거죠. 그래서 이것저것 마음둘만한 것들을 채워 '노정의 뜰'도 새로 만들었고요. 봄과 여름, 그리고 가을과 겨울 아무 때나 찾아와 작품도 보며 차 한 잔의 향기에 마음 다듬고 갈 수 있는 그런 곳으로 만들려고 해요. 해가 넘어가면 잠을 자고 가는 이들도 있겠지요. 나이를 먹으니 그렇게 더불어 가는 길이 좋아집디다.

자연을 담고 싶어한 서예가

박상찬

그의 이야기

그는 글자를 깨친 이래 서예가를 꿈꾸지 않았던 시절이 없다고 고백했다. 초등학교 때부터 서예에 재주 있는 아이로 통했다. 어린 시절부터 글씨에만 매달려온 그는 1965년 1월 동방연서회에 입회하여 여초 김응현 선생께 지도를 받기 시작했다. 본격적인 가르침을 받기 시작한 셈이다. 이후 백석 김진화 선생을 거쳐 전서 전각의 대가이신 기원 이태익 선생을 만났다. 이태익 선생은 그의 글씨를 진일보 시킨 스승이었다. 이후 다시 여초 김응현 선생을 만나 오랜 기간 수제자로 머물렀다. 이로써 그의 이력은 당대의 대가들을 두루 거친 셈이다.

그러나 박상찬은 대가의 그림자로부터 벗어나고 싶어했다. 훌륭한 스승에게 배우면서도 자신만의 길을 걷고자 하는 신념만큼은 결코 버리지 않았던 것이다. 마음과 글씨를 다듬으며 긴 세월을 보내던 그는 마침내 세상에 그의 호를 딴 '노정체'를 선보였다. 노정체는 서로 많이 어긋나면서도 자연스럽게 어우러지는 조화가 특색이다. 또한 정형화된 체를 벗어나 글씨 속에 그림이 있고, 시가 있는 독특한 서체로 기운이 넘치면서도 부드러움을 잃지 않는다. 그래서 대다수의 서예전문가들은 노정체를 자유로우면서 예술혼이 넘치는 글씨체로 평가하고 있다. 사실 서체에 익숙하지 않은 일반인들의 눈에는 그의 글씨가 거북하게 보일 수도 있다. 그러나 노정체는 '알면 보이고 익혀지면 느끼게 되는 매력'을 가진 글씨이다.

노정체에는 지금과 같은 속도의 시대를 거스르는 무언가가 있는 듯하다. 무조건 빠른 질곡을 향해 내닫는 위태로운 평균보다는 더디더라도 하나하나의 아름다움을 모두 보여주고 건너가겠다는 느림의 미학이라고나 할까, 그렇게 그의 글씨는 들여다보는 시간이 길어지면 길어질수록 더 아름답게 다가온다.

아직 그의 노정체는 서체의 언덕을 넘어가고 있는 중이다. 그가 이루고 싶은 서체에 도달해가고 있는 아직은 미완성의 서체라는 뜻이다. 더 많은 길을 가야하고, 때로는 돌아서도 가며, 그렇게 한 고비 한 고비 넘어가야 한다. 고비를 넘어가는 길 중 그는 자신의 글씨에 산을 담고, 바위를 담고 싶어 한다. 그가 내는 유일한 욕심이다.

세상은 여전히 바쁘고 험난하게 돌아갈 것이다. 그래도 그는 살아 있는 동안 여전히 글씨를 쓸 것이다. 또한 그가 머무는 곳에선 새와 바람, 물이 박자를 맞추어 노래할 것이다. 물론 그 와중에 그의 글씨에 위로받고 감탄하며 가쁜 숨을 돌릴 이들도 있을 것이다. 그것이 다행이다.

건강한 정신으로

주어진 삶을 후회 없고 가치 있게 살다가다

열아홉 번째 만남

생명을 지키는 소방관 송성균

건강한 정신으로

주어진 삶을 후회 없고 가치 있게 살다가다

저 또한 그렇지만 우리는 모두가 부모님으로부터 소중한 생명을 물려받아 사회의 구성원으로 살아갑니다. 잘못된 선택이나 순간적인 실수로 소중한 생명을 잃지 않도록 두 눈 똑바로 뜨고 아름다운 세상 멋들어지게 살다가는 게 도리라고 생각합니다.

그는 1962년 충청남도 홍성군 결성면 금곡리에서 태어났다. 청소년 시절을 고향에서 보낸 뒤 20대 초반 성남에 안착해서 지금까지 30여년을 살고 있다. 현재 경기소방에서 근무 중이며 국민이, 시민이 다 자신의 이웃이고 가족이라는 생각으로 오늘도 현장에서 최선을 다한다.

삶과 죽음,
그 간격을 넘어서다

●

그에게 물었다.

"세상의 많은 말들 중에 왜 그런 비문을 골랐나요?"

그가 대답했다.

사람은 누구나 태어나고 또 죽습니다.

삶과 죽음의 간격은 종이 한 장 차이이고 찰나입니다. 그만큼 죽음은 늘 우리 곁에 가까이에서 도사리고 있죠. 병환에 의해 죽던, 사고로 죽던, 한순간의 잘못된 생각으로 죽던, 죽음을 피할 수 있는 방법은 별로 없습니다. 다만 신이 허락한다면 조금 더 시간의 여유를 가질 뿐입니다.

저는 올해로 만 23년 동안 시민의 생명을 지키는 그 이름도 거룩한 소방관입니다. 그 세월이면 강산이 두 번이나 바뀌고 아이들이 자라 한 사회를 짊어지게 될 만한 시간이니 참으로 짧지 않은 세월입니다. 소방관으로 긴 세월을 살아오면서 많은 죽음들을 눈앞에서 목격하고 구조했습니다. 그네들의 삶을 지속시키기 위한 노력을 수도 없이 해 오면서 지난날들을 돌이켜보니 '아! 나는 이 다음에 저 세상으로 가면 많은 생명들을 구했으니 남들보다는 좀 더 좋은 곳으로 가지 않을까?' 하는 생각이 듭니다.

그런데 가만히 생각해 보니 저도 저의 눈 앞에서 죽음을 맞이한 사람들처럼 깨알같은 하나의 구성원인 뿐이라던 겁니다. 허망하고 어이가 없었습니다. 시민들은 어렵고 힘든 일, 스스로 해결이 안 되는 일이 자기 앞에 놓이면 119부터 떠올립니다. 그 많은 사연들 중에 사람목숨과 연관된 사연들이 반드시 있습니다. 우리 소방관들한테는 반복되는 일상이지만 시민 개개인들한테는 너무도 소중한 시간입니다. 시각을 다투는 일들이 지금도 전국 각지에서 수도 없이 발생하고, 또 무수히 많은 시민들이 119를 친구로 이웃으로 가족처럼 생각하고 도움을 요청합니다.

● ●

그에게 물었다.

"혹시 아찔했던 순간이 있었나요?"

그는 회상에 잠기 듯 눈을 감으며 작년 여름을 떠올렸다.

사무실 천정 스피커를 통해 다급한 신고전화 방송이 울렸습니다.

구조 차량에 탑승하여 무전을 들어보니 너무나도 다급한 상황실 요원의 목소리가 카랑카랑 귀청을 울립니다. "○○ 아파트에서 어린아이가 혼자 울면서 전화가 왔는데 끊어졌습니다." 머리가 쭈뼛쭈뼛 서고 긴장감이 온몸을 감싸고돌았습니다. 현장까지 출동하는 동안에 혹시 집에 혼자 있다 화재가 난 것은 아닌지, 도둑이 든 것은 아닌지, 그것도 아니면 모서리에 머리라도 찧은 건 아닌지, 온갖 상상을 다했습니다. 잠겨있을 문을 열기 위한 개방 장비를 들고 몇 번이고 초인종을 눌렀지만 대답이 없었습니다. 긴장감은 더욱 높아지고 다급함에 문을 손과 발로 사정없이 두드렸습니다. 그런 와중에 가만히 문에 귀를 대니 어린아이 목소리가 저만치서 조그맣게 들려왔습니다. 울음소리와 말소리가 뒤섞여서 정확히 알아들을 수가 없었습니다. 일단 아이를 진정시키고 스스로 현관문을 열도록 유도를 했습니다.

왜 우냐고 물으니 그 아이의 대답이 걸작입니다
하도 울어서 시커멓게 땟물이 흐르는 얼굴로 하는 말이
"바지에 똥 쌌어요"입니다
그 순간 구조대원 어느 하나 웃는 사람이 없었습니다
웃음보다는 아이가 무사하다는 생각에
안도의 한숨이 나왔습니다

현관문이 열리자 그제야 아이의 목소리가 뚜렷이 들립니다. 문이 열리고 보니 세 살쯤 되어 보이는 남자아이가 울고 서 있었습니다. 왜 우냐고 물으니 그 아이의 대답이 걸작입니다. 하도 울어서 시커멓게 땟물이 흐르는 얼굴로 하는 말이 "바지에 똥 쌌어요"입니다. 그 순간 구조대원 어느 하나 웃는 사람이 없었습니다. 웃음보다는 아이가 무사하다는 생각에 안도의 한숨이 나왔습니다.

조금 뒤에 사연을 들어보니 부모님은 출근하시고 할머니가 손자에게 줄 과자를 사러간 사이 바지에 실례를 했답니다. 당황은 되고 할머니는 안계시고, 울다가 급하니까 생각난 게 119였다는 에피소드입니다.

우리는 모두가 부모님으로부터
소중한 생명을 물려받아
사회의 구성원으로 살아갑니다
잘못된 선택이나 순간적인 실수로
소중한 생명을 잃지 않도록 두 눈 똑바로 뜨고
아름다운 세상 멋들어지게 살다가는 게
도리라고 생각합니다

웃지 못 할 에피소드도 있지만 생명을 지키는 직업인만큼 시민들의 생명과 소중한 재산을 위해 오늘도 불철주야 근무를 하고 있습니다.

저는 자신한테 주어진 삶은 최선을 다해서 살아가야 한다는 의미를 담아서 비문을 "건강한 정신으로 주어진 삶을 후회 없고 가치 있게 살다가다"라고 정했습니다. 저 또한 그렇지만 우리는 모두가 부모님으로부터 소중한 생명을 물려받아 사회의 구성원으로 살아갑니다. 잘못된 선택이나 순간적인 실수로 소중한 생명을 잃지 않도록 두 눈 똑바로 뜨고 아름다운 세상 멋들어지게 살다가는 게 도리라고 생각합니다.

생명을 지키는 소방관

송성균

그의 이야기

각진 제복의 멋진 모습을 동경했던 그는 특전사에서 5년 동안 검은 베레모를 쓰고 얼룩무늬 특수 제복을 입은 채 전국의 산하를 누비고 달리던 의욕 넘치는 젊은이였다.

하늘을 이불 삼아 돌멩이를 베개 삼아 하루에 삼십분씩 자면서 스물 세 시간 반을 일주일 동안 걸어도 그 시절에는 고단한 줄도 몰랐다. 발바닥에 물집이 생기고 터지고를 반복하면서 굳은살 투성이의 발바닥이 되어도 세상이 온통 그의 발아래 있는 듯 했다.

의욕이 충만한, 그리고 기고만장한 젊은이였기에 전역 후에는 소방관이라는 직업을 선택한 것은 당연한 일이었다. 그것이 곧 군생활의 연장이라고 생각했다. 자신의 생명을 걸고 또 다른 생명을 구하는 그들이 멋있어 보였다. 그 생각 하나로 소방관 생활을 하다 보니 지금까지도 국민들의 소중한 생명과 재산을 지켜주는 신뢰받는 직업군으로 삶을 살아가고 있다.

그는 구해야할 사람들이 시민이기 이전에 자신의 가족이라는 생각으로 오늘도 열심히 최선을 다해서 그들의 행복을 지켜주고자 불철주야 노력하고 있다.

지나고 보니 멋진 소방관이 되는 길은 참으로 고단하고 힘든 여정이었다. 하지만 행복지수 만큼은 세상 그 어느 누구보다 뒤지지 않는다. 무한한 긍지와 자부심으로 단 하나의 생명이라도 지키기 위해 그는 오늘도 최선을 다해 노력하고 있다.

24년여의 짧지만은 않았던 시간동안 그는 무수히도 많은 주검들을 보아왔다. 그로 인해 유족들의 고통스러워하는 모습도 함께 봐야만 했다. 소름끼치는 현장에서 늘 속으로 바라는 한 가지 소망이 있다. 소방관의 도움이 필요 없는 평범하지만 행복한 삶을 살아갈 권리를 모두가 가졌으면 하는 작지만 큰 바람이다.

그리고 그는 마음으로 기도 한다.

'만약 신이 있다면,
저는 늘 신께 바랍니다. 나 자신에게 외칩니다.
지금이 현장에 들어가면 다시는 세상을, 이웃을, 가족을, 그리고 나를 볼 수 없을지도 모릅니다. 하지만 그 누구보다 멋진 소방관, 행복한 소방관이었음을 기억해 주소서'

송성균 · 생명을 지키는 소방관

주님은 나의 힘, 나의 기쁨
믿었기에 행복했습니다

스무 번째 만남

주님의 용사 마리알데곤다 수녀 최은희

주님은 나의 힘, 나의 기쁨

믿었기에 행복했습니다

저는 지금도 약을 먹고 정기검사를 받는 치료 중에 있습니다. 하지만 주변 사람들은 눈치 채지 못합니다. 공동체 수녀님들조차도 가끔씩 잊어버려 제게 좀 무리한 부탁을 하시곤 할 정도입니다. 그러나 저는 그것이 섭섭하거나 싫지 않습니다. 걱정, 염려, 불안을 주기보다는 좋으신 하느님께서 허락하실 때까지 천성적으로 주신 쾌활함과 기쁨을 나누고 싶습니다.

마리알데곤다 최은희 수녀는 모태신앙인으로 초등학생 시절부터 수녀의 꿈을 키워왔다. 중학교 1학년 때부터 9년간 레지오 활동을 하며 기도와 봉사의 나날을 보냈으며 노틀담수녀회의 성소모임에 참여한 것을 계기로 수녀의 꿈을 이루기 위해 입회하기로 결심하고 행동하였다. 그는 삶의 위기에도 주님과 함께해서 행복하였다고 말한다.

삶이란
크나큰 선물

그에게 물었다.
"세상의 많은 말들 중에 왜 그런 비문을 골랐나요?"
그가 대답했다.

노틀담수녀회에 입회하고 착복(수도복을 받는 예식)을 준비하는 기간, 한 선배수녀님께서 앞으로 살아가야 할 수도생활의 여정에 대하여 나눔을 해 주시며 이런 이야기를 하셨습니다.

사람들은 누구나 곱게 죽기를 바랍니다. 그래서 갑작스런 죽음보다 죽음을 미리 준비할 수 있는 것이 은총인 것입니다. 또한 유명한 위인들을 보면 마지막 숨을 거두기 전에 남기는 명언들이 있지 않습니까. 우리가 비록 유명인사가 되지는 못하더라도 수도자로서 한 생을 살고 마감할 때 무슨 말을 남기고 싶은지 생각해 보십시오. 참고로 저는 '믿었기에 행복했습니다'라고 고백할 수 있기를 희망합니다

저에게 아주 깊이 와 닿는 말씀이었습니다. 그 말이 어찌나 멋지게 들리던지 저 역시 마지막 남길 수 있는 말이 이 말이 되기를 희망하게 되었습니다. 또한 첫 서원을 할 때에 '주님은 나의 힘, 나의 기쁨' 이라고 고백할 수 있었던 것도 믿고 있기에 행복한, 저의 주님을 향한 신앙고백입니다.

갓난아기였을 때부터 죽을 고비를 몇 번 넘겼다고 이야기를 들었지만 너무 어릴적 일이라 저는 전혀 기억이 나질 않습니다. 다만 한창 예민했을 사춘기 중학생 시절, 어느 날 갑자기 찾아온 원형탈모는 참으로 당황스러웠습니다. 머리카락 한 올 남지 않고 다 빠졌는데 당시 집에 경제적 여유가 없어 병원에 가볼 생각은 꿈에도 하지 못했습니다.

만 원짜리 가발을 하나 사서 쓰고 다니면서 어린 소녀가 겪어야 했던 마음고생을 어떻게 표현해야 할까요?

사람들이 "재 가발인가봐."하며 수군거리고 마치 저를 죄인 취급하며 힐끔힐끔 바라 보았습니다. 그 시선을 견디기 위해 얼마나 많은 눈물을 속으로 삼켰는지 모릅니다.

학교에서는 체육시간이 정말 싫었습니다. 매트 위에서 앞구르기를 할 때면 가발은 시작위치에 덩그러니 벗겨져 있고 제 몸은 이미 저만치 가있어 힘껏 달려와 다시 가발을 주워서 써야 할 때도 친구들의 시선이 아무렇지 않은 듯 연기를 해야만 했지요. 그렇게 5년 6개월 동안 저는 다른 사람들이 향기 나는 샴푸로 머리를 감을 때, 빨래판 위에 가발을 올려놓고 빨아야 했습니다.

아마도 그 시절에 성격이 많이 바뀌었던 것 같습니다. 위축되지 않으려고, 기죽지 않으려고 더 크게 웃고 더 크게 말했죠. 그랬던 사춘기 시절 심적으로 어려웠던 시기에 저를 지탱해 주었던 것이 바로 신앙이었습니다. 성당에서 청소년 레지오와 YCS 활동을 열심히 했습니다. 신기하게도 성당에만 가면 그 시간이 너무 행복하고 제가 가발을 쓰고 있다는 것도 잊어버릴 수 있었습니다.

지난 시간 죽음의 고비를 여러 번 넘기며 주어진 삶이 비록 고통이라 할지라도 그것조차도 기쁘게 받아들이고 감사히 여기며 밝게 생활하고자 노력하였습니다. 저의 식을 줄 모르는 쾌활함과 긍정의 힘은 어디에서 나오는 것인지 묻는 이들도 있습니다. 저의 힘이요, 기쁨이신 주님을 온전히 신뢰하기에 주님께서 섭리하시는 대로 저를 맡기게 되는 것 같습니다. 입회하기 전날 아버지께서 저에게 당부하신 말씀이 있습니다.

"노틀담의 귀신이 되거라!"

노틀담의 귀신이 되고자 살아온 시간이 올해로 21년이 되었습니다. 여러가지를 배우며 많은 곳을 거치면서 많은 사람들을 만났으며 또 지금도 만나고 있습니다. 그러면서 가끔씩 초심을 되새겨봅니다. 하느님을 외롭지 않게 하고 있는지.

비록 부족함이 많은 저이지만 그럼에도 불구하고 저를 사랑하시는 하느님께 매일의 삶을 봉헌하며 주님께서 허락하시는 날까지 만나는 모든 사람들이 좋으신 하느님의 사랑을 체험하고 행복해지도록 기쁨바이러스를 전파하는 성실한 주님의 용사가 되고자 합니다.

● ●

그에게 물었다.

"당신에게 삶이란, 그리고 죽음이란 어떤 의미 입니까?"

그가 대답했다.

점점 몸이 가라앉는 것을 느끼면서 '아, 이게 죽는 거구나……' 라는 생각이 드는 순간 형언할 수 없는 밝은 빛이 보이면서 마음이 평화로워졌습니다

제가 21살이던 해에 죽음의 문턱에 선 적이 있었습니다. 성당 청년회에서 여름캠프를 갔을 때의 일입니다. 그곳 바닷가에서 튜브를 끼고 파도타기를 즐기고 있었는데 키 큰 오빠가 장난으로 튜브를 뒤집어버려 바닥이 닿지 않는 물에 빠지게 되었습니다. 점점 몸이 가라앉는 것을 느끼면서 '아, 이게 죽는 거구나……' 라는 생각이 드는 순간 형언할 수 없는 밝은 빛이 보이면서 마음이 평화로워졌습니다. 인공호흡을 네 번 하고 물에 빠진지 3~4시간 만에야 깨어날 수 있었습니다. 물속의 그 빛을 보며 바로 천당에 간 거라고 생각을 했는데 다시 살아서 다음에 진짜 죽을 때 또 그 빛을 볼 수 없게 될까봐 살아난 것이 그다지 기쁘지 않더군요. 좀 엉뚱하고 황당한가요?

수도자가 된 후 또 한 번 죽음의 고비를 맞았습니다. 2009년 7월 어느 날 자주 찾아오던 현기증이 시작되었습니다. 늘 그래 왔던 것처럼 만성피로에 빈혈증세려니 생각하고 조금 쉬면 괜찮아질 거라 여겼습니다. 그러나 하루 종일 심장을 쥐어짜듯, 송곳으로 찌르는 듯한 통증으로 잠을 설치게 되었고 결국 열이 40도까지 올라 응급실로 향하게 되었습니다. 가슴에서 만져지는 계란크기만 한 딱딱한 혹. 저는 어느 정도 예상을 하고 있었기에 유방암이라는 판정에 그리 놀라지 않았습니다.

앞서 말한 것처럼 21살 때 이미 한번 죽음의 문턱에서 죽음은 두려움이 아닌 평화로움이라는 것을 체험하였기 때문입니다. 암이라는 사실이 슬프거나 무섭지 않은 이유도 그 때문이었습니다.

항암치료와 방사선 치료를 하는 과정은 죽음을 체험하는 시간이었습니다. 인간이 살아가면서 꼭 경험해보지 않아도 되는 것이 있다면 바로 항암치료라고 말할 정도로 정말 고통스러웠습니다. 그렇지만 저는 하느님께서 저에게 주신 쾌활함과 긍적적 마인드로 받아들였습니다.

걱정 가득한 얼굴로 찾아온 수녀님들과 신자들은 병문안을 왔다는 사실을 잊은 채 실컷 웃다가 돌아가고, 어떤 이들은 기도도 안 해주고 돌아가는 희한한 환자방문의 풍경이 그려지기도 했습니다. 투병생활을 하면서 '성경필사'를 정말 열심히 했습니다. 돌아보면 그 어느 때보다도 하느님과 가장 가까이 있었던 시간이었다고 생각합니다. 지금 저의 재산목록 1호는 바로 그때 적었던 성경필사 노트입니다.

저는 지금도 약을 먹고 정기검진을 받으며 치료 중에 있습니다. 하지만 주변 사람들은 눈치 채지 못합니다. 공동체 수녀님들조차도 가끔씩 잊어버려 제게 좀 무리한 부탁을 하시곤 할 정도입니다. 그러나 저는 그것이 섭섭하거나 싫지 않습니다. 걱정, 염려, 불안을 주기보다는 좋으신 하느님께서 허락하실 때까지 천성적으로 주신 쾌활함과 기쁨을 나누고 싶습니다. 저를 만나는 이들이 함께하는 동안에는 안고 있던 근심 걱정들을 잠시 잊고 입가에 미소를 지을 수 있다는 것에 감사드리며 다시 삶을 찾아 그들의 미소를 볼 수 있다는 것이 크나큰 선물로 느껴집니다.

최은희 · 주님의용사마리알데곤다수녀

주님의 용사 마리알데곤다 수녀

최은희

그의 이야기

그는 1남 4녀 중 다섯째로 태어났다. 인천에서 태어나고 자라면서 부모님으로부터 물려받은 신앙을 이어받아 위의 언니들과 함께 성당활동을 열심히 하였다. 늘 자신이 해야 할 일에 성실히 임하시는 정신력 강하신 아버지를 어려워하면서도 존경해 왔고 가난하지만 항상 밝은 성격을 지니셨던 어머니의 영향을 많이 받으며 자랐다. 그래서 가난을 부끄러워하지 않았으며 가진 것은 없었으나 그 어느 집보다도 돈독한 자매애와 가족애가 있음을 자랑스러워하며 자랐다.

그는 모태신앙으로 7살 때부터 수녀님이 되는 것을 꿈꾸며 자랐다. 초등학교 1학년 때부터 고등학생 때까지 매년 그의 장래희망사항 칸에는 늘 변함없이 '수녀님'이라는 단어가 쓰여 있었다.

중학교 1학년 때부터 9년간 레지오 활동을 하며 기도와 봉사의 기쁨을 맛보게 되었다고 밝힌 그는 '성체조배 아가씨'라는 영광스러운 별명을 얻기도 하였다. 어느 날 신부님께서 "미사가 끝났으니 가서 복음을 전합시다."라고 했을 때 그는 습관처럼 "하느님, 감사합니다!"하고 응답하였는데 순간 무언가 뜨거운 것을 느끼게 되었다. 그는 무언가에 홀린 사람처럼 성소담당 수녀님께 찾아가 예정에도 없던 면담을 신청하였고 그렇게 갑자기 입회를 결정하게 된다.

암 투병이라는 위기의 순간 그는 공동체에 소속된 수녀임을 상기하며 현존사도직이라는 특별한 소임기간을 보내고 있었지만 공동체와 함께하기 위해 본인이 할 수 있는 일을 찾게 된다. 그는 허리도 제대로 펴지 못하고 몇 걸음 걷다가 주저앉으면서도 운동 삼아 복도 청소를 하였으며 냄새에 예민해져 여러 사람이 있는 곳을 힘들어 하면서도 가능하면 미사와 공동식사에 참석하는 열의를 보였다.

힘겨운 삶의 순간에서도 모든 것을 기쁘고 긍정적으로 받아들이는 그의 모습을 통해 수도가족과 신자들은 큰 감동과 많은 것을 느낀다고 말한다.

최은희 · 주님의용사마리알데곤다수녀

삶에 '작은 불빛' 이 되길

몇 계절이 가고 책을 세상에 내 놓을 때가 되었습니다.

책을 만드는 출판사는 좋은 책을 만들어야지 하는 책임감으로 늘 어깨가 무겁습니다. 〈도서출판 지누〉도 마찬가지 입니다. 책을 낼 때마다 누군가에게 힘이 되고, 도움이 되는 유익한 책이길 바라는 마음으로 세상에 선보입니다.

이번에 내 놓는 '살아있으니까 보이는거다' 는 몇 년 전부터 출판사에서 기획했던 소중한 책입니다. 그럼에도 선불리 진행하지 못했던 것은 책의 취지를 어떤 방법으로 사람들에게 전달할까하는 문제였습니다. 살아서 미리 써보는 '비문', 다가서기 쉽지 않은 주제였습니다.

순간순간 세상이 무섭습니다. 언론과 방송이 쉽게 삶을 포기한 내용이나 살기 어린 내용들로 채워질 때면 매스컴과 인연을 단절하고 싶기도 합니다. 아무리 힘들어도 한번 사는 귀하고 소중한 삶인데……. 자식을 가진 부모로, 의료 분야 책을 펴내며 삶의 소중함을 전하는 출판사로서 삶을 귀하고 감사하게 여길 수 있는 책을 만들어야 했습니다. 어떻게 살아야하는지, 또 본인의 삶이 얼마나 소중한지를 느끼게 하고 싶었습니다.

'비문: 죽은 이의 업적을 기리거나 신원을 밝히기 위하여 비석에 새긴 글' 그러다 보니 다소 충격적일 수 있지만 미리 써 보는 비문이라는 형식을 띠고 독자들에게 다가서게 되었습니다. 독자들은 우리의 멘토들이 자신의 삶에 지침이 되는 문구를 생각하며 성찰하였음을 알게 될 것입니다.

책을 마무리하며 참여 의지를 밝혔다가 다소 생소해 하거나, 인터뷰는 했으나 저희의 취지와 맞지 않는 분들은 같이 하지 않았음도 밝혀둡니다. 반면 책의 취지를 알고 흔쾌히 참여해 주신 분들, 아니 이번 기회를 통해 비문이라는 형식의 내용을 생각하고 고민해 주신 이 시대 멘토들께 감사드립니다. 또 어려운 작업에 함께해준 최재민 작가와 도서출판 지누 직원들에게 진심으로 감사합니다.

좋은 취지로 만들어진 책인 만큼 5쇄부터는 수익금의 일정부분을 어린이들에게 꿈과 사랑을 키워주고 있는 '사랑의 일기재단' 에 기부하고자합니다.

'살아있으니까 보이는거다' 가 '살아있으니까 감사한거다' 로 인식되며 독자들의 삶에 작은 불빛이라도 되었으면 하는 바람입니다.

도서출판 지누 대표 박성주

● 멘토 20인과의 만남, 스무개의 비문 이야기

01. 영원한 일용엄니, 배우 김수미 나팔꽃을 사랑한 여자, 잠들다 02. 빈곤아동의 부모, 목사 박경양 가난한 아이들의 친구가 되기를 원했던 사람, 아이들이 꿈꿀 수 있는 세상을 그리워했던 사람, 가난한 예수의 그림자를 찾아 방황했던 가난한 사람, 이곳에 잠들다 03. 사랑을 전하는 산골우체부 박상식 나의 움직임으로 세상이 조금이라도 더 아름다워 졌기를 04. 꿈꾸는 만화가 연하늘 흐르는 강물처럼 05. 히포크라테스의 후예 정준기 이 사람은 유약하고 평범하였으나 그가 선택한 외길에서 순수한 열정으로 노력하였고, 인간과 자연에 대한 애정을 일생동안 키우고 나누어주려 했다 06. 꽃을 찍는 사진작가 고홍곤 작은 꽃씨로 삶의 마침표를 찍듯 모든 욕심 버리고 꽃 마음으로 살다가, 삶의 바다에서 지는 꽃으로 흘러도 다시 꽃으로 태어나겠습니다 07. 기부왕 요리사 배정철 원 없이 살다 갑니다 08. 세상을 밝히는 빛 신언항 이만하면 됐다 09. 네 손가락의 피아니스트 이희아 작아서 행복했습니다

10. 암을 극복한 명의 홍영재 아버지 열심히 살다 왔다, 행복하게 살다 왔다 11. 행복한 주치의, 갑상선암 명의 박정수 사람 일생 금방이네 12. 진실된 미소를 주는 치과의사 신경민 일도 사랑도, 기쁨도 슬픔도, 즐거움도 괴로움도 최선을 다했던 사람 13. 유상과 무상의 조화 우관스님 배워가는 도량, 쉬어가는 도량, 자유로운 도량을 꿈꾸었던 스님 14. 마음 넉넉한 변호사 진형혜 정의에 웃고 정에 울던 무모한 하룻강아지 이제야 철들다 15. 한국벨리의 여왕 최수지 잘 놀다 갑니다 16. 나전칠기 명장 김정열 돌은 물로, 나는 나전칠기로 17. 세계적인 암 전문가 김의신 무서워하지 않고 웃으면서 죽음을 맞이한 사람 18. 자연을 담고 싶어한 서예가 박상찬 솔바람 소리, 풀벌레 소리, 물 소리 의지해 살았지요 글씨는 늘 옆에 끼고 살았대요 미치지 못해 죄송하구만요 그래도 평생 붓을 벗할 수 있었기에 웃을 수 있었답니다 19. 생명을 지키는 소방관 송성균 건강한 정신으로 주어진 삶을 후회 없고 가치 있게 살다 가다 20. 주님의 용사 마리알데곤다 수녀 최은희 주님은 나의 힘, 나의 기쁨 믿었기에 행복했습니다

살아있으니까 보이는거다

초판 1쇄 인쇄 2013년 4월 24일
초판 1쇄 발행 2013년 5월 1일

엮음 도서출판 지누
펴낸이 박성주
기획 최재민
책임편집 박정혜
편집 한수빈
편집디자인 이한나 송하나
펴낸곳 도서출판 지누
출판등록 2005년 5월 2일
등록번호 제313-2005-89호
주소 121-737 서울시 마포구 마포동 35-1 현대빌딩 907호
전화 02-3272-2052 FAX 02-3272-2053
홈페이지 www.jinubooks.com
전자우편 seongju7@hanmail.net
인쇄·제본 (주)갑우문화사

값 15,000원

ISBN 978-89-957903-9-7